DAS ZERO WASTE NÄHBUCH

manuela gaßner

DEN MÜLL EINFACH WEGNÄHEN!

Zero Waste oder Müllvermeidung – hört sich langweilig, kompliziert oder asketisch an?
Im Gegenteil! 1, 2, 3, volle Mülltonnen sind jetzt vorbei.
Müllvermeidung öffnet neue und alte Wege zu einem nachhaltigen und der Umwelt gegenüber respektvollen Alltagsverhalten. Der Müll verschwindet aus dem Haushalt, dafür zieht Schönes, Gesundes, Langlebiges und auch Kreatives ins Haus ein. Zero Waste – ein einfacher Weg zu einem selbstbestimmten Konsum und zufriedeneren Leben.
In diesem Buch finden Sie Zero-Waste-Projekte für Zuhause oder Unterwegs, „verpackt" mit vielen interessanten Informationen, Fakten, Alternativen und praktischen Tipps für Ihren Alltag.
Lassen Sie sich inspirieren von einfachen Anleitungen und reduzieren Sie so Schritt für Schritt und ganz nebenbei den täglichen Abfall.

Ich wünsche Ihnen viel Spaß beim Nähen und Müllvermeiden,

Ihre Manuela Gaßner

INHALT

ZERO WASTE

MEHR ALS EIN LIFESTYLE

*» Wertschätzung ist ein guter Begleiter,
für ein nachhaltiges Leben. «*

MÜLLBERGE 3X GOLD

Ist Recycling die Lösung?

Trommelwirbel und lautes Vuvuzela-Getröte! Wir sind Weltmeister! 2003 und 2007 standen die Frauen und 1954, 1974, 1990, 2014 die Männer bei Fußball-Weltmeisterschaften auf dem obersten Treppchen.

GOLD NUMMER 1 – RECYCLING-GOLD

Wir sind aber auch Träger der Goldmedaille als Recycling-Weltmeister. Hört sich gut an? Auf jeden Fall besser als Nicht-Recyceln, allerdings mit einem großen ABER: Die Zahlen hinter dem Titel bestätigen einen riesigen Müllberg.
Insgesamt fielen 2015 in Deutschland 40 Millionen Tonnen Haushaltsabfälle, umgerechnet 490 kg pro Kopf, an. Die Gesamtabfallmenge belief sich 2016 auf unglaubliche 411,5 Millionen Tonnen, eine Steigerung um 2,3 % im Vergleich zum Vorjahr (Statistisches Bundesamt). Von 18,2 Millionen Tonnen Verpackungen wurden etwa 97 % recycelt. Davon wanderten rund 70 % in die stoffliche Verwertung, der Rest vor allem in die energetische und thermische Verwertung, sprich Müllverbrennung (Umweltbundesamt, 2018). Einige Materialien können gut, andere schlechter oder gar nicht recycelt werden. Gute Recyclingquoten haben Glas, Papier/Karton, Metalle wie Aluminium oder Stahl und Bioabfälle. Metall aus Müll ist heute eine gute Quelle und reduziert somit umwelt- und gesundheitsschädlichen Abbau neuer Rohmaterialien. Ebenso die stoffliche und energetische Verwertung von Bioabfällen, die Strom und Wärme in die Leitungen speist und für Kompost auf Beet und Feld sorgt. Die Nutzung von Erdöl oder Atomkraft zur Strom- und Wärmegewinnung wird dadurch reduziert. Es gilt, je reiner die Stoffe gesammelt werden, desto geringer ist der Sortieraufwand und desto höher die Recyclingquoten.

» Für eine hohe Wiederverwertung und Ressourceneinsparung muss konsequent getrennt werden. «

GOLD NUMMER 2 – VERPACKUNGSGOLD

Eine weitere Goldmedaille: Wir sind Europameister im Produzieren von Verpackungsmüll. 220,5 kg pro Kopf in Deutschland berichtete das Umweltbundesamt für 2016. In der Summe häufen sich über 18 Millionen Tonnen „Drumherum“ an. Damit stehen wir vor Luxemburg mit knapp 212 kg und Irland mit fast 210 kg Verpackungsmüll. Ein durchschnittlicher EU-Bürger schlägt mit etwa 167 kg zu Buche (2015). Weniger als die Hälfte, etwa 45 % der Kunststoffabfälle, wurden stofflich verwertet. Wobei die stoffliche Verwertung von Kunststoffabfällen durch die vielfältigen Eigenschaften und unterschiedlichen Plastikarten innerhalb einer einzigen Verpackung meist zu einem Downcycling führt. Das heißt, das Folgeprodukt ist von minderer Qualität als der Ausgangsstoff. Der restliche Kunststoffabfall, (55 %) wird energetisch verwertet, also verbrannt (Umweltbundesamt, 2017).

GOLD NUMMER 3 – PAPIER-GOLD

Die dritte Goldmedaille – mit einem Gewicht von etwa 250 kg pro Kopf und Jahr besteht aus Papier, Pappe und Kartonagen. Der Papierberg setzt sich zusammen aus Zeitschriften, Magazinen, Büroverbrauch und dem steigenden Versand- und Onlinehandel (Forum Ökologie und Papier, 2012). Weltweit werden jährlich rund 400 Millionen Tonnen Papier produziert, jeder Erdenbürger verbraucht durchschnittlich 57 kg im Jahr. Ein Wermutstropfen, 2016 wurden in Deutschland 75 % Altpapier eingesetzt, 1990 waren es noch 49 %. Recyclingpapier, hierzulande gekennzeichnet mit dem Blauen Engel, verbraucht bis zu 60 % weniger Energie, 70 % weniger Wasser und keine Bäume (Umweltinstitut München e. V.). Die Energieeinsparungen wurden leider durch den steigenden Verbrauch geschreddert. Aufgrund möglicher Schadstoffanreicherungen wie Mineralöl aus Druckfarben oder Bisphenol A aus Kassenzetteln ist Recyclingpapier für Lebensmittelverpackungen beispielsweise Haferflocken, Mehl oder Reis aktuell nicht empfehlenswert (Umweltbundesamt, 2018).

ENDSTATION

Wenn nichts mehr hilft und Abfälle nicht mehr verwertet werden können, heißt es: Mülldeponie. In Deutschland werden etwa 46,6 Millionen Tonnen Abfall auf 1108 Deponien entsorgt (Statistisches Bundesamt). Im Jahre 1990 wurde das Abfallwirtschaftsgesetz beschlossen. Seitdem hat sich viel getan – heutzutage wird der Großteil nicht mehr deponiert, sondern recycelt oder der thermischen und energetischen Verwertung zugeführt. Die Deponien schrumpften und die Emission klimaschädlicher Gase haben sich stark reduziert (Umweltbundesamt).

MEE(H)R MÜLL

Müll landet nicht immer in der Tonne, einiges gelangt leider auch in die Natur, in den Wald, in Flüsse und letztendlich ins Meer. Immer mehr Plastik wird an Urlaubsstränden angespült und das ist nur die Spitze des Eisberges.

Seit 1907 werden Kunststoffe hergestellt – und sie halten, halten und halten. Einerseits eine gewünschte Eigenschaft für langlebige Produkte, andererseits ein riesiges Umweltproblem. Eine Plastiktüte schwimmt etwa 20 Jahre im Meer, Aluminiumdosen 200 Jahre, Sixpack-Ringe 400 Jahre und eine Plastikflasche 450 Jahre. Fischernetze sind besonders stabil und geistern ganze 600 Jahre durch das Meer (Deutsche Umwelthilfe).

GESUNDHEIT

Ist Zero Waste gesund?

Die Vielfalt an Kunststoffen und Einsatzmöglichkeiten hat viele Zusatzstoffe wie Weichmacher, UV-Stabilisatoren oder Flammschutzmittel auf die Bühne gerufen.
Schon bei der Herstellung werden gesundheitsgefährdende Chemikalien verwendet. Die Zusatzstoffe, vor allem Weichmacher (Phthalate), können mit der Zeit ausdünsten und das Plastikteil wird brüchig. Phthalate stehen besonders im Fokus gefährliche hormonelle Wirkungen zu haben. Eingesetzt werden sie bei der Herstellung von weichen und biegsamen PVC-Produkten wie Bodenbelägen, Wickelunterlagen, Kinderspielzeug, Schuhsohlen, Lacken, Klebstoffen oder Kosmetika, schreibt der Bund für Umwelt und Naturschutz Deutschland e. V. Plastik und Zusatzstoffe gelten teilweise als Ursache für Allergien, Krebs, Adipositas, Unfruchtbarkeit, ADHS und eine Vielzahl weiterer Krankheiten.
Bisphenol A (BPA) hat es vor Jahren in die Medien geschafft und wurde aufgrund der schädigenden Wirkung auf den Hormonhaushalt EU-weit bei Babyschnullern und Babyflaschenaufsätzen verboten. Treten Hormonveränderungen im Säuglingsalter auf, können diese irreversible Schäden verursachen. Weitere Schäden können bei Leber, Niere und Brustdrüsen auftreten (Verbraucherzentrale, NRW e. V.).
Melaminharze (MF) und Formaldehyd werden häufig bei der Herstellung von bruchfesten und leichten Kochutensilien, Besteck oder Geschirr, darunter auch Bambusgeschirr, eingesetzt. Bei säurehaltigen Speisen und Getränken oder beim Erhitzen kann Melamin bzw. Formaldehyd austreten und Haut- und Schleimhautreizungen, Krebs und Allergien verursachen. Die Angabe von Melamin beruht derzeit noch auf einer freiwilligen Information der Hersteller (Verbraucherzentrale Schleswig-Holstein e. V., 2018).

Bestimmte Kunststoffe und ihre Zusatzstoffe haben in geringen Mengen nach heutigen Kenntnissen keine langfristigen Auswirkungen auf die Gesundheit. Die Grenzwerte beziehen sich meist auf Erwachsene. Experten hingegen warnen, dass bei Kindern in der Entwicklungsphase und wegen ihres geringeren Körpergewichts schon kleine Mengen Schäden anrichten können.
Sicherheit verspricht eine sachgemäße Verwendung von Plastikgegenständen, aber die Kennzeichnungspflicht ist noch nicht bei allen Kunststoffen oder Zusatzstoffen angekommen, ebenso nicht das Fachwissen in der Bevölkerung. Durch die rasante Entwicklung von Kunststoffarten können zudem oftmals noch keine fundierten Aussagen über die Langzeitwirkung gemacht werden.
Die gesundheitlichen Risiken sind so vielfältig wie die Einsatzmöglichkeiten.

GESUNDHEITSSCHÄDLICHE KUNSTSTOFFE:

- *Polypropylen (PP)*
- *Polyethylen (PE)*
- *Polyvinylchlorid (PVC)*
- *Polystyrol (PS)*
- *Polyurethan (PU)*
- *Polyethylenterephthalat (PET)*
- *Polycarbonat (PC), Freisetzung von BPA*

Quelle: Bund für Umwelt und Naturschutz Deutschland e.V. (BUND)

MAXI, MINI, MIKROPLASTIK

Als Mikroplastik werden Kunststoffteilchen, die kleiner als fünf Millimeter sind, bezeichnet. Primär Mikroplastik Typ-A wird speziell hergestellt und als Rohstoff zur Weiterverarbeitung und für Hygiene- und Kosmetikprodukte (Microbeads) verwendet. Mikroplastik Typ-B hingegen entsteht bei der Nutzung, z. B. Abrieb von Autoreifen, Schuhsohlen oder Textilien. Wenn durch Zerkleinerung, der sogenannten Fragmentierung, von größeren Kunststoffteilen kleine Teilchen entstehen, wird von Sekundär-Mikroplastik gesprochen (Fraunhofer UMSICHT). Kleine Plastikteilchen, egal welcher Herkunft, können direkt über Fluss- und Meerestiere oder Geflügel in die Nahrungskette gelangen. Die Mägen der Tiere werden bei der Schlachtung in der Regel entfernt, aber ungewiss ist, welche Mengen der Zusatzstoffe in die Blutbahnen der Tiere gelangen.

AUSFÜHRLICHE INFORMATIONEN:

„Achtung Plastik – Chemikalien in Plastik gefährden Umwelt und Gesundheit", Informationsschrift des Bund für Umwelt und Naturschutz Deutschland e.V.

„Gefahren für die Gesundheit durch Plastik", Verbraucherzentrale NRW e.V.

GESPART

Ist Zero Waste teuer?

Auf den ersten Blick scheint Müllvermeidung teuer. Höhere Ausgaben für unverpackte Bio-Lebensmittel, Glaspfandflaschen oder Brotboxen aus Edelstahl sind nur einige Beispiele.
Zero Waste bezieht sich aber nicht nur auf unverpackte Lebensmittel, sondern auch auf mittel- und langfristige Anschaffungen. Der veränderte Konsum reduziert auf Dauer die Summe der Kosten.
Hier eine Aktion „3 für 2“, dort ein „Sommer- oder Winter-Sale“ oder schnell etwas zu Essen bestellt. Ein Schnäppchen jagt das Nächste. Wie kommt es, dass wir von Schnäppchen umgeben sind und trotzdem nicht mehr Geld in der Tasche haben? Wer geht in den Laden oder bestellt online und kauft genau nur dieses eine Schnäppchen? Meist locken noch andere Produkte und schon steht man mit vollen Taschen vor dem Laden, obwohl man sich doch nur mal schnell das Schnäppchen sichern wollte, bevor es weg ist. Das Konsumhamsterrad läuft, die Schränke, Keller und Bettkästen zuhause füllen sich.
Wer auf unnötigen Müll verzichten möchte und auf Langlebiges und Reparierfähiges setzt, konsumiert automatisch weniger, dafür aber qualitativ hochwertiger.

» Lieber lange etwas Gutes als schnell etwas Billiges. «

WAS MACHT ZERO WASTE GÜNSTIGER?

- *Leitungswasser statt Flaschenwasser*
- *Großpackungen statt Mini-Packungen (Lebensmittel, Pflege- und Reinigungsprodukte)*
- *Saisonal und regional einkaufen statt „Off-Season"*
- *Selbst kochen und eigene Brotzeit statt das tägliche Außer-Haus-Mittagsmenü*
- *Kaffee selbst kochen statt an 20 Arbeitstagen für 2,00 Euro (40,00 Euro pro Monat) einen To-go-Kaffee*
- *Qualitativ hochwertige Lebensmittel statt Lebensmittelverschwendung*
- *Lange haltbare Brotboxen und Flaschen aus Edelstahl statt Plastikboxen und -flaschen*
- *Lange haltbare Küchen- und Reinigungsutensilien aus Metall und Holz statt Plastikteile*
- *Reinigungsmittel selbst herstellen statt kaufen*
- *Pflegeprodukte auf das Minimum reduzieren*
- *Mehrweg statt Einweg, z. B. Taschentücher, Schüsselcover oder Rasierhobel*
- *Hochwertige und langlebige Kleidung statt Kurzzeit-Trends*
- *Hochwertiges Spielzeug und Einrichtungsgegenstände statt Wegwerfware*
- *Auf dem Balkon die Sonne genießen statt Shoppingtour*

MINIMALISMUS

Ist Zero Waste Verzicht?

Verzicht ist Luxus! Wir können uns Verzicht leisten, denn unsere Grundbedürfnisse sind gestillt. Glücklicherweise befindet sich unsere Gesellschaft in der Situation, nicht hungern zu müssen – zumindest hungert unser Magen nicht. Deshalb ist Verzicht abhängig vom Standpunkt.

Was spricht gegen nur noch eine feste Seife am Waschbecken? Nur noch eine Haarseife und saure Rinse statt unzählige Plastikflaschen in der Dusche (Rezept siehe S. 77)? Nur noch die Lieblingskleidung im Schrank? Nur noch Lebensmittel in Gläsern aufbewahrt? Eigentlich nur wenig, oder? Alles ist übersichtlich, Sie sehen, was Sie haben und was nicht. Das reduziert Fehlkäufe und Lebensmittelverschwendung und schafft Platz für Großpackungen.

» Weniger ist einfacher. «

Wer weniger besitzt, muss sich folglich um weniger kümmern, weniger entsorgen, weniger putzen, weniger reparieren und kann seine Zeit mit anderen Dingen verbringen, auch das ist Luxus durch Verzicht.

Verzicht liegt, wie so vieles, im Auge des Betrachters. Zero Waste ist in erster Linie ein Verzicht auf unnötigen Müll und unnötige Ressourcenverschwendung. Was unnötig und was nötig ist, entscheidet jeder selbst.

Der Verzicht auf ein Fertigessen oder To-go-Food kann schwerfallen, wenn gerade keine Zeit zum Kochen ist. Das Kochen wiederum kann sehr bereichern, denn man weiß, was drin ist, man kocht frisch und entdeckt vielleicht ein neues „altes" Gemüse.

» Seien wir dankbar für unsere Entscheidungsfreiheiten. «

Der Verzicht auf einen vollen Kleiderschrank kann Zeit, Geld und Platz sparen. Aber jemand, der gerne morgens aus seinem Kleiderschrank-Fundus wählt, fühlt sich mit einem minimalistischen Kleiderschrank vielleicht eingeschränkt.
Der Verzicht auf ein Auto kann in der Stadt sinnvoll sein, Zeit, Geld und das ewige Parkplatzsuchen sparen. In einigen ländlichen Regionen kann „autofrei“ hingegen auch nicht umsetzbar sein.
Zero Waste ist kein in Stein gemeißeltes Verzicht-Gesetz. Jeder Person steht offen, wie und was sie sich zum Ziel setzt. Wenn es keinen Spaß mehr macht oder den Alltag zu stark beeinträchtigt, suchen Sie sich einen anderen Bereich. Zero Waste soll mehr Veränderung und Bereicherung sein als Verzicht. Trotzdem: ohne Veränderungen wird sich der persönliche Müll nicht reduzieren.

ENTSCHLEU-NIGUNG

Ist Zero Waste zeitaufwendig?

Selbermachen kostet Zeit, kann aber auch viel Spaß machen und einsparen z. B. selbstgemachtes Waschmittel für mehrere Wochen oder Monate oder selbstgemachte Erdbeermarmelade für das ganze Jahr.

WIE SPART ZERO WASTE ZEIT?

- *Nur noch sehr selten Müll wegbringen*
- *Keine oder weniger Fahrten zur Wertstoffinsel oder zum Wertstoffhof*
- *Selbstgemachtes für mehrere Wochen oder Monate*
- *Lieferservice für regionale Lebensmittel und Getränke*
- *Großeinkäufe machen*
- *Gezielt und planvoll einkaufen*
- *Keine Schnäppchenjagden*
- *Weniger shoppen, da Gebrauchsgegenstände und Kleidung langlebiger sind*
- *Und schließlich: Wer weniger konsumiert – also Geld ausgibt – braucht auch weniger Geld und kann daher auch darüber nachdenken, weniger zu arbeiten*

SCHRITT FÜR SCHRITT

Einfach und realistisch

So viele Gründe – aber ist es nicht schon zu spät? Warum soll gerade ich etwas ändern, wenn um mich herum die Welt in Plastik versinkt?
Natürlich hat eine plastikverpackte Gurke oder ein Coffee-to-go-Becher keine Auswirkungen auf die Gesamtheit, aber wenn jeder so denkt, dann schon. So entstehen 40 Millionen Tonnen Haushaltsabfälle. Mit kleinen Schritten verändert sich ganz nebenbei der eigene Alltag und das strahlt aus. Familie und Freunde kommen vielleicht auch auf den Geschmack und schon geht die Welle der Müllvermeidung weiter. Dass wir hierzulande irgendwann in einer Gesellschaft ohne Müll und Plastik leben, ist wahrscheinlich utopisch. Dafür sind wir zu sehr Konsumgesellschaft, zu sehr gewöhnt an unseren Lebensstandard.

Überall fällt der Blick auf Plastik oder Verpackungen, wo soll man da anfangen? Entspannt und mit kleinen Schritten. Ein guter allgemeiner Ansatz sind die folgenden fünf Schritte:

5X WENIGER MÜLL:
1 Ablehnen, was nicht benötigt wird
2 Reduzieren, was unnötig ist
3 Wiederverwenden & Reparieren, was das Zeug hält
4 Recyceln, was recyclingfähig ist
5 Kompostieren, was erlaubt ist

Wie starten?

ÜBERBLICK VERSCHAFFEN: *Alle Mülleimer (Restmüll, Plastik, Papier, Glas, Biomüll) aus jedem Zimmer (Badezimmer, Kinderzimmer, Schlafzimmer, Wohnzimmer, Küche, Büro) sammeln.*

ANS EINGEMACHTE GEHEN: *In welchem Eimer ist wieviel und was? Ist der Abfall immer richtig getrennt?*

EIMER REDUZIEREN: *Ein Eimer pro Wertstoff, das heißt ein Biomülleimer, ein gelber Sack und ein Restmülleimer, je eine Kiste für Glas und Papier. Jetzt wird alles an einem Ort gesammelt und richtig getrennt.*

ÜBERSICHT BEWAHREN: *Anfallender Müll ist nun gut überschaubar.*

Wo starten?

Im Grunde überall, denn überall ist Müll. Zwei Ansätze stehen zur Auswahl: Entweder Zimmer für Zimmer oder Verpackung für Verpackung.

BEISPIEL BADEZIMMER:

Welche Produkte und Utensilien stehen am Waschbecken, in der Dusche, in den Schränkchen?

Alles wird auf einen Haufen gelegt und nach drei Kategorien sortiert:

1. *Leere Packungen / kaputt / noch nie benutzt / mag und brauche ich nicht*
2. *Vorratspackungen / brauche ich nicht täglich*
3. *mag ich gern / brauche ich täglich*

KATEGORIE 1 *verkaufen, verschenken oder richtig entsorgen*

KATEGORIE 2 *ordnen und in eine Vorratsschublade oder -kiste*

KATEGORIE 3 *Analysieren: Wegwerfgegenstände oder -utensilien aufbrauchen und mit Wiederverwendbaren ersetzten, z. B. Abschminkpads (siehe S. 78) oder Rasierhobel. Bei Pflegeprodukten wie Duschgel, Shampoo, Seifen und Cremes je ein Produkt auswählen und aufbrauchen, den Rest vorerst in der Vorratskiste verstauen und später aufbrauchen. In Zukunft auf Mikroplastik und verpackungsfreie bzw. -reduzierte Dinge achten. Langlebige Produkte wie Haarbürsten verwenden, bis sie kaputt sind und dann auf Holz „umbürsten“.*

VERPACKUNGEN EINSPAREN AM BEISPIEL MILCHPRODUKTE UND GETRÄNKE:

Welche Milchprodukte stehen im Kühlschrank? Welche Getränke sind beliebt?
Neue Produkte im Pfandglas oder der Pfandflasche kaufen. Auf Regionalität achten, denn Pfandflaschen aus Glas sind schwerer als die aus Plastik und das kostet Energie. Mehr Leitungswasser trinken oder zum Säfteverdünnen verwenden.
Im Pfandsystem erhältlich sind Getränke aller Art, Milch, Dickmilch, Schwedenmilch, Joghurt, Schlagsahne und selten Quark.
Wer ländlich wohnt, kann sich auch über eine Milchtankstelle informieren, die auf dem Weg liegt und direkt beim Bauern kaufen. Extra Autofahrten verbrauchen mehr Erdöl als die Verpackung im Laden, deshalb „auf dem Weg" oder viel Milch zum Verarbeiten und für Nachbarn kaufen oder mit dem Fahrrad fahren.

» Alles fängt klein an und jeder Schritt in eine nachhaltige Lebensweise geht in die richtige Richtung – für die Umwelt, die nächsten Generationen und für einen selbst. «

DRANBLEIBEN! ANDEREN AUF DEN SCHLIPS TRETEN?

Begeistert von den Möglichkeiten und der Einfachheit von Zero Waste, möchte man die Welt bekehren. Das fängt bei Familie und Freunden an und endet bei Arbeitskollegen und wildfremden Menschen auf der Straße. Ein löbliches Engagement, das manchmal auf offene Ohren, aber auch auf Ablehnung stoßen kann. Frustration vorprogrammiert.
Müllvermeidung und Konsumveränderung betrifft einen ganz persönlichen Bereich. Warum und welche Dinge gekauft oder nicht gekauft werden, sind private Entscheidungen. Für die einen ist es praktisch, Dinge selbst herzustellen, für die anderen alltagstauglicher Dinge zu kaufen. Natürlich wäre es schön, wenn ab morgen alle verpackungsfrei einkauften, aber allein die unverpackte Angebotsmenge in den Läden gibt es im Moment nicht her. Es hat Jahrzehnte benötigt, um unsere Konsumwelt, unsere Gewohnheiten und unseren Luxus mit allem „Drum und Dran" aufzubauen.
Ein umweltfreundliches Leben kann auch mehr Fahrradfahren, weniger Fleisch essen oder Ökostrom verwenden bedeuten.
„Öko-Nörgler" und „Gut-Menschen" bewirken oft das Gegenteil, deshalb einfach mit gutem Beispiel vorangehen. Für Veränderungen im privaten Alltag braucht jede/r sein eigenes Schlüsselerlebnis, das sollte akzeptiert werden.

SELBST GENÄHT

Das Angenehme mit dem Nützlichen verbinden

Mit den eigenen Händen Neues erschaffen, das ist heute nicht mehr alltäglich. In einer Welt mit Tastaturen, Touchpads, Maschinen und Robotern ist Handarbeit und Handwerk eine immer seltenere Freizeitbeschäftigung. Dabei sind unsere Hände ein Wunderwerk der Natur. Wir können damit feinste Uhrwerke zusammensetzen, Gemüse anbauen und grobe Steine schleppen. In den Anfängen der menschlichen Gesellschaft wurde das erste Feuer mit Händen entfacht. Um auf der Reise und Jagd geschützt und warm zu sein, wurden vor mehreren 10 000 Jahren Lederstücke mit Knochennadeln zu den ersten Kleidungsstücken per Hand zusammengenäht.

Heute helfen uns elektrische Nähmaschinen, auch hier hat die Beschleunigung keinen Halt gemacht. Das muss nicht immer einen Nachteil haben. Würden Sie eine Vierer-Flaschentasche mit der Hand nähen? Und irgendwie kann die flotte Nähmaschine auch entschleunigend und das Surren der Nadel meditativ sein. In diesem Augenblick konzentriert man sich auf eine Sache, es gibt es den Stoff, die Nähmaschine und die eigene Kreativität.

Die Kombination von Kreativität und Nähmaschine erschafft Schönes, Nützliches, Neues und repariert Kaputtes. Wenn damit auch noch Müll vermieden werden kann – dann ist tatsächlich das „Angenehme mit dem Nützlichen verbunden“.

Wer selbst näht, hat die freie Auswahl und kann individuell entscheiden: Welcher Stoff, welche Farbe, welche Farbkombination, welcher Faden, welcher Knopf, welches Schnittmuster.

Zugegeben, manchmal ist die Auswahl fast zu überwältigend, aber liegt das Projekt fertig vor einem, freut man sich.

» Nähen – eine der ältesten Handwerkstechniken der Menschheit. «

NACHHALTIG NÄHEN

Qualität & Reparieren

Wer sich eine Nähmaschine anschaffen möchte, sollte auf Qualität und Reparierfähigkeit achten. Nichts ist ärgerlicher und teurer als eine streikende Maschine, die auf den Wertstoffhof muss.

Meine Maschine ist 15 Jahre alt und mit mir durch dicke und dünne Stoffe gegangen. Bei der Entstehung dieses Buches ist sie am zweiten Näh-Tag, einem Freitagabend, einfach stehen geblieben, sie hatte sich festgefressen! Im ersten Moment war die Panik groß – Stoffbahnen lagen im ganzen Zimmer verteilt, das Bügelbrett stand mitten im Weg, der ganze Tisch war besetzt mit Diesem und Jenem, und mittendrin die festgefahrene Maschine und ich mit hochrotem Kopf.

Meine ersten Gedanken: „Die Projekte müssen fertig werden! Maschine aufschrauben, zum Reparieren bringen, eine ausleihen oder im schlimmsten Fall eine Neue kaufen."

Es war Freitagabend, die letzten drei Optionen – reparieren lassen, ausleihen, neu kaufen – fielen jedenfalls aus. Gut! Also wagte ich es und eröffnete mein „Repair Café".

Dazu muss gesagt werden, seit Kindertagen arbeite ich viel und gerne handwerklich, das liegt in der Familie. Es war nicht das erste Mal, dass ich etwas aufschraube und repariere, aber es war meine erste Nähmaschine. Ich begab mich auf Fehlersuche und unglaublich, ich wurde fündig. Das Wiegerad des Unterfadens war komplett festgefressen. Nach etwa drei Stunden und zwei ziemlich schmutzigen Händen schraubte ich die letzte Schraube wieder fest. Stromstecker rein, Maschine lief!

... und hat fleißig alle Projekte dieses Buches genäht.

Inzwischen existieren fast 700 Repair Cafés und Initiativen. Adressen gibt es unter reparatur-initiativen.de oder repaircafe.org.

FÜNF TIPPS FÜR NACHHALTIGES NÄHEN:

1 Hochwertige und reparierfähige Nähmaschine anschaffen
2 Mit Ökostrom nähen
3 Nachhaltige und strapazierfähige Stoffe verarbeiten
4 Nachhaltiges Zubehör nutzen
5 Upcycling: Altes in Neues verwandeln

WARENKUNDE

BIO UND FAIR ERKENNEN:

- *kbA kontrolliert biologischer Anbau*
- *kbT kontrolliert biologische Tierhaltung*
- *GOTS Global Organic Textile Standard*
- *IVN Best*
- *Made in Green (Oeko-Tex)*
- *Fairtrade Cotton Siegel*
- *Fairtrade Textile Production*

Inzwischen gibt es auch ressourcenschonende Stoffe mit einem Anteil aus recycelter Baumwolle oder Polyester.

STOFFE PFLANZLICHER HERKUNFT:

- *Baumwolle, Hanf, Leinen*
- *Modal (Zellulose i. d. R. aus Buchenholz)*
- *Viskose (Zellulose i. d. R. verschiedene Holzarten)*

STOFFE TIERISCHER HERKUNFT:

- *Kaschmir, Alpaka, Leder, Wolle, Seide*

STOFFE MIT GEMISCHTER HERKUNFT

- *Baumwolle mit Bienenwachsbeschichtung*

DER FEINE UNTERSCHIED – STOFFE

Die Wegwerfgesellschaft ist längst in der Stoff- und Modewelt angekommen. Jeden Sommer und Winter gibt es neue Trendfarben und -schnitte. Insgesamt geben die Deutschen 108 Euro monatlich für Bekleidung aus (Statistisches Bundesamt, 2017). Um mit der schnellen Welt mitzuhalten, werden billigste Waren auf den Tischen verramscht. Die Vielfalt sticht ins Auge, aber die Qualität lässt nach dem zweiten Mal Waschen zu wünschen übrig. Das Schnäppchen landet in der Altkleidersammlung. Schnelle Trendwechsel und eine immer kürzere Nutzungsdauer haben das gesammelte Textilaufkommen seit Mitte der 1990er Jahre um über 20 % in die Höhe geschraubt. Der Dachverband FairWertung e. V. spricht von etwa einer Million Tonnen gesammelter Altkleider. Das ist mehr als soziale Einrichtungen benötigen. Nur etwas mehr als die Hälfte kann Secondhand genutzt werden, der Rest wird zu Putzlappen und Rohstoffen oder wird als Müll entsorgt. Exportiert wird dorthin, wo Bedarf an Secondhand-Kleidung besteht: Mittel- und Osteuropa, Afrika und der Mittlere Osten.

Der „Fast Fashion" stellt sich ein steigendes Umwelt-Bewusstsein gegenüber. Biowaren sind im Kommen, auch fair gehandelte

Stoffe werden erfreulicherweise mehr nachgefragt. Die Produktion der Rohstoffe und die Arbeitsbedingungen in den Herstellerländern geraten über die Medien mehr und mehr in den Fokus und sorgen so für Aufklärung. Gesundheitlich unbedenkliche Biostoffe und fair gehandelte und produzierte Textilien lassen sich an unterschiedlichen Siegeln und Kennzeichnungen erkennen.

ZUBEHÖR

Nachhaltig Umgarnen

Die Auswahl an Nähgarnen ist riesig. Schön geordnet in Regenbogenfarben lädt das Nähgarnregal immer zum Verweilen ein. Eines der gängigsten Materialien ist Polyestergarn. Es ist sehr reißfest und eignet sich auch für dehnbare Stoffe. Zum Verarbeiten von festen Stoffen sind Baumwollgarne eine gute Wahl.

Früher wurden Nähgarne auf Holzspulen gewickelt, heute findet man meist Kunststoffspulen und selten Kartonspulen. Wohin mit den leeren Kunststoffspulen? Mit schönen Papieren beklebt sind sie eine ausgefallene Dekorationsidee oder ein schicker Schlüsselanhänger. An ein Brett montiert können Jacken, Mäntel oder Halsketten drangehängt werden. Kurze und dicke Spulen sehen hübsch als Schrank- oder Schubladenknauf aus.

Wer viel näht, kann auch 500 m statt 200 m Garn kaufen. Die Spule ist zwar größer, aber meist ist das verwendete Plastikmaterial leichter als bei zwei Spulen.

Unterfadenspulen aus Metall sind etwas teurer als aus Kunststoff, aber sie brechen nicht, können sehr lange genutzt und gut recycelt werden.

Gut gefüllt

Egal ob Kissen oder Kuscheltier, irgendwann stellt sich die Frage nach dem Füllmaterial. Wie sollte die Füllung beschaffen sein? Waschbar, formgebend oder knautschbar? Für kleinere Projekte mit einer anspruchslosen Füllung eignen sich gesammelte und kleingeschnittene Stoffreste. Kirschkerne und Dinkel- oder Hirsespelzen eignen sich für Wärmekissen, sind aber nicht waschbar und sollten regelmäßig gut gelüftet und auf der Heizung oder in der Sonne getrocknet werden. Baumwollfüllungen können meist in der Waschmaschine gewaschen werden, bei Wolle ist Vorsicht geboten, hier reicht ein regelmäßiges Auslüften.

Knöpfchen mit Köpfchen

Wer kennt sie nicht, Großmutters Knopfsammlung? Jeder dieser Knöpfe ist an sich schon nachhaltiger als ein neu gekaufter. Oft werden Knopfsammlungen auch auf Flohmärkten angeboten. Bei neuen, plastikfreien Knöpfen gibt es eine große Auswahl unterschiedlichster Materialien:

- *Bambus*
- *Glas*
- *Holz*
- *Horn*
- *Keramik*
- *Kokosnuss*
- *Leder*
- *Metall*
- *Muscheln*
- *Perlmutt*
- *Stein*

Tipp: Wer gerne Kleidung oder Taschen näht, kann sich überlegen, Knöpfe statt Reißverschlüsse zu verwenden. Knöpfe lassen sich leichter ersetzen. Druckknöpfe und Reißverschlüsse aus Metall statt Plastik sind in der Regel langlebiger und können später gut recycelt werden.

ESSEN & TRINKEN

*» Wissen, was man isst,
nachhaltig schlemmen. «*

KOCHSPASS

statt Fertiggerichte

Kochen ist wie Nähen. Man überlegt sich etwas Schönes, sucht Zutaten aus, schneidet, sortiert, arbeitet mit Kopf und Händen und hat zum Schluss einen Gaumenschmaus.
Selbst kochen kann einen Großteil des Küchenmülls reduzieren, denn Grundnahrungsmittel sind im Gegensatz zu Fertiggerichten meist weniger oder gar nicht verpackt.

Es wird gegessen, was in die Tüte kommt?

Vorgefertigte Portionen behandeln alle gleich, egal ob Mann, Frau oder Kind, unabhängig vom täglichen Energiebedarf. Ob man Hunger hat oder nicht, die Tütensuppe ergibt drei Teller. Bei Unverpacktem kann jeder selbst wählen: Wie viel benötige ich? Wieviel möchte ich essen ohne später hungrig zu sein oder etwas wegwerfen zu müssen?

Die Zutatenlisten mancher Fertiggerichte lesen sich wie ein Chemielexikon. Geschmacksverstärker, Emulgatoren, Konservierungsstoffe, Rieselhilfen, Schaumverhüter, Verdickungsmittel, Zucker und Zuckerersatzstoffe – ein Teller mit „sieben Siegeln“. Nicht alle Zusatzstoffe sind gesundheitsschädlich, aber wer hat hier noch den Durchblick? Wie viel Zucker oder Fett verstecken sich in den Portionen?
Wie einfach liest sich dagegen die Zutatenliste eines Kochbuches: Ein halbes Kilo Tomaten, eine Zwiebel, eine Möhre, zwei Esslöffel Öl, etwas Wasser, Salz und Pfeffer – simple Zutaten für eine leckere und schnelle Tomatensoße.
Fertigkuchen Adieu: 150 g Mehl, 120 g Zucker, drei Eier, Backpulver, etwas Vanille und Wasser, eine Prise Salz – fertig ist ein vielfältig einsetzbarer Biskuitteig. Wie viel Zucker drin ist, kann man selbst bestimmen.

WIE OFT WIRD NOCH GEKOCHT?
43 % täglich
38 % 2- bis 3-mal die Woche
6 % 1-mal wöchentlich
14 % der Männer und 3 % der Frauen kochen nie

Ernährungsreport, 2018, Bundesministerium für Ernährung und Landwirtschaft

Fertiggerichte sind billig?

Das ist nicht immer der Fall. Werden billige Zutaten industriell verarbeitet, kann es schon mal günstiger sein. Konserveninhalte, Tiefkühlware und Fertiggerichte müssen jedoch verpackt und transportiert werden. Der Weg vom Hersteller zu den Konsumenten ist dementsprechend weit, kostet Geld, Zeit, Kilometer und Verpackungen.

SAISONKALENDER

Neben einem verpackungsfreien Einkauf kann auch ein regionaler und saisonaler Speiseplan die Umwelt schützen. Inzwischen sind wir gewohnt zu jeder Jahreszeit alles im Laden oder online einkaufen zu können. Die ständige Verfügbarkeit hat den Saisonkalender fast verdrängt (www.bzfe.de/saisonkalender). Schnell sammeln sich Flugkilometer auf dem Teller. Ganze 30 000 g CO_2 pro Kilogramm peruanischem Spargel werden durch den Transport mit dem Flugzeug in die Luft geblasen. Im Vergleich verursacht Spargel aus der Region nur 19 g CO_2 pro Kilogramm (Umweltbundesamt). Verderbliche Waren wie Spargel oder Erdbeeren müssen schnell vom Feld auf den Teller transportiert werden, das geht nur mit dem Flugzeug. Auch der Winteranbau in Gewächshäusern und die Lagerung über viele Monate, z. B. bei Äpfeln, haben eine schlechte Ökobilanz. Frisches Gemüse und Obst aus der Saison hat den besten Geschmack und viele Vitamine.
Wer keinen eigenen Garten oder Balkon hat, kann sich den vielen Gemeinschaftsgärten anschließen. Über 670 grüne Adressen gibt es unter www.anstiftung.de.

FLEISCH- UND WURSTWAREN

Verzweifelte Blicke vor dem Kühlregal, alles ist verpackt. Beim Metzger kann der Einkauf hingegen in die eigene Box wandern. Aus hygienischen Gründen darf der „Fremdbehälter“ nicht auf die Metzgerswaage. Auf die Theke stellen ist erlaubt. Zum Abwiegen wird manchmal trotzdem ein Stück Folie untergelegt, in der Summe ist dieses eine Stückchen Plastik weniger als ein komplett verpackter Einkauf. Auch Wurst am Stück reduziert unnötigen Müll.
Einer der wichtigsten Punkte für den Klimaschutz ist die Reduktion unseres Fleischkonsums. Massentierhaltung und der Anbau von Futtermitteln tragen maßgeblich zur Zerstörung der Umwelt bei. Die Abholzung von Regenwald für den großflächigen Sojaanbau um deutsche Schweine, Rinder und Geflügel zu füttern ist Realität. Weltweit ist der Sojaanbau inzwischen auf die dreifache Fläche Deutschlands, über 110 Millionen Hektar, angewachsen. Dabei fließen 80 % der weltweiten Sojaproduktion in die Tierfütterung (WWF, 2016). Der Einsatz von gentechnisch verändertem Saatgut, Monokulturen soweit das Auge reicht, Pestiziden und Transportemissionen sind nur einige Folgen.
Der jährliche Fleischverzehr wird hierzulande auf etwa 60 kg pro Kopf beziffert (Bundesanstalt für Landwirtschaft und Ernährung 2016). Die Deutsche Gesellschaft für Ernährung e. V. empfiehlt maximal 300 bis 600 g pro Woche. Umgerechnet sind das zwischen 15 und 30 kg im Jahr, weit weniger als der aktuelle Stand.
Nicht nur Müllvermeidung, auch weniger Fleisch, Fisch, Eier und Milchprodukte schützen Umwelt und Tiere.

Etwa acht Millionen Vegetarier und 1,3 Millionen Veganer verzichten hierzulande ganz auf Fleisch (VEBU, 2016, SKOPOS, 2017).

LEBENSMITTELVERSCHWENDUNG

In Deutschland wurden 2012 etwa 11 Millionen Tonnen Lebensmittel weggeworfen. In Privathaushalten fällt der Löwenanteil von 61 % an, das sind 82 kg und etwa 235 Euro pro Kopf und Jahr (Universität Stuttgart, 2012). Neueste Studien sprechen von 18 Millionen Tonnen in der gesamten Wertschöpfungskette, d. h. vom Feld über Produktionsstätten, Transport, Handel bis zum Endverbraucher. Davon wäre die Hälfte vermeidbar, schreibt der WWF. Egal wie hoch die genauen Zahlen sind, es ist zu viel.

Tipps damit Sie weniger für die Tonne kaufen:

PLANEN: *Einkaufsliste schreiben*

GESÄTTIGT: *Ohne Hunger einkaufen gehen*

LAGERN: *was gehört in den Kühlschrank und was nicht*

SORTIEREN: *Übersicht in Kühlschrank und Regalen behalten*

PRÜFEN: *auf Augen, Nase und Mund vertrauen*

HALTBARMACHEN: *einkochen, einfrieren, trocknen*

ZAUBERN: *Reste-Menüs kochen*

KURZ VOR KNAPP: *verschenken vor verschimmeln*

ZU SPÄT: *Biotonne statt Restmülltonne*

WAS WIRD WEGGEWORFEN?

25 % frisches Obst
25 % frisches Gemüse
21 % Getränke
8 % Gekochtes/Zubereitetes
6 % Brot- und Backwaren
4 % Milchprodukte
4 % Fertigprodukte/Tiefkühlkost/Konserven
3 % Fleisch/Wurst/Fisch
4 % Sonstiges

Gesellschaft für Konsumforschung (GfK), 2017, gefördert durch das Bundesministerium für Landwirtschaft und Ernährung (BMEL)

Tipp: Einfrieren in Gläsern

Lebensmittel können problemlos in Gläsern eingefroren werden. Achten Sie bei gebrauchten Gläsern darauf, dass vorher ähnliche Lebensmittel darin waren, denn Süßes verträgt sich nicht mit einem Sauregurken-Deckel. Ehemalige Gläser oder Flaschen von Reinigungs- und Pflegemitteln, Kosmetikprodukten und Medikamenten sind ungeeignet für Lebensmittel. Wasser dehnt sich beim Einfrieren aus und kann ein gut gefülltes Glas sprengen. Füllen Sie deshalb Lebensmittel mit einem Wasseranteil, z. B. Suppen oder Soßen, zur Sicherheit nur zu dreiviertel, damit genügend Platz zum Ausdehnen ist oder Sie schließen den Deckel erst nach dem Einfrieren.

FOODSHARING

Die Initiative gegen Lebensmittelverschwendung entstand 2012 in Berlin. Inzwischen retten über 45 000 Ehrenamtliche Lebensmittel vor der Tonne und verteilen diese kostenlos in sogenannten Fair-Teilern. Die Foodsaver kooperieren mit Betrieben, Unternehmen, Kantinen, Veranstaltern und Wochenmärkten. Auch Privatpersonen können über die Plattform „Essenskörbe" anbieten z. B. bei Fehlkäufen, vor dem Urlaub, nach Geburtstagsfeiern oder bei einer Zucchini- oder Apfelschwemme aus dem eigenen Garten. Auf diesem Wege konnten seit 2012 mittlerweile knapp 19 Millionen Kilo Lebensmittel vor dem Verderben bewahrt werden.

RESTE IN KOMPOST, STROM UND WÄRME VERWANDELN

Sollte doch mal etwas in der Tonne landen, dann in der Biotonne. Es entsteht wertvoller Kompost, Strom und Wärme. Der Transport und Einsatz von fossilen Energieträgern wie Erdöl und Erdgas werden reduziert und mit regional anfallendem Biomüll und Grüngut ersetzt.

KÜCHENUTENSILIEN – HOCHWERTIG, LANGLEBIG UND RECYCELINGFÄHIG

Holz aus zertifizierten Quellen ist eine Bereicherung in der Küche und ersetzt vieles aus Plastik. Der Mythos, Brettchen oder Kochlöffel aus Holz wären unhygienisch, hat sich hartnäckig im Zuge der Plastifizierung unserer Küchen eingeschlichen. Tatsächlich wirkt Holz antibakteriell. Brettchen, Löffel & Co. mit heißem Wasser, und bei Bedarf etwas Essig oder Natron reinigen, trocken aufbewahren und Keime sind chancenlos. Auf der Heizung können sich Holzbretter verbiegen und spalten, deshalb lieber lufttrocknen. Bedenkenlos und umweltfreundlich ist die Entsorgung.

Holz in der Küche: Backpinsel, Nudelholz, Schneidbretter, Rührlöffel, Gemüsebürsten, Spülbürsten mit Wechselkopf, Topfbürsten, Salatbesteck, Untersetzer, Einkaufskorb.

» Holz wirkt antibakteriell. «

Utensilien aus Metall werden mit einem hohen Energieaufwand hergestellt. Deshalb ist hier die Frage: „Brauche ich das wirklich?", besonders wichtig. Der Vorteil: Metall steht für langlebige und meist hochwertige Küchenhelfer, die irgendwann sogar vererbt werden können. Die Recyclingquote von Metallen ist sehr hoch. Durch eine sortenreine Sammlung kann aus Altem Neues entstehen, es findet kein Downcycling wie bei Plastik statt.

Metall in der Küche: Küchensieb, Schneebesen, Schüsseln, Besteck (Täschchen für Unterwegs siehe S. 60), Haushaltsschwämme (Edelstahl und Kupfer), Schöpflöffel, Salatbesteck, Eiswürfelbehälter, Kuchen- und Tortenformen, Teezange oder Teeei

Die Glasherstellung hat ebenso wie die Herstellung von Metall einen hohen Energiebedarf. Glas ist besonders leicht zu reinigen und im Vergleich zu Plastik inert, d.h. es nimmt keine Stoffe auf und gibt nichts ab. Außerdem ist Glas geschmacks- und geruchsneutral und schön anzusehen. Altglas lässt sich beliebig oft einschmelzen und in neues Glas verwandeln. Je öfter es recycelt wird, desto geringer sind Rohstoffeinsatz und Energieaufwand.

Glas in der Küche: Karaffen, Gewürzaufbewahrung und -mühlen, Messbecher, Trinkhalme, Salatschüsseln, Aufbewahrungs- und Vorratsbehälter

TRINKEN

Der NABU-Mehrweg-Guide zählt Mehrwegflaschen aus Plastik zusammen mit Glasflaschen zu den besten Möglichkeiten. Aufgrund des leichteren Gewichts hat Plastik sogar eine bessere Umweltbilanz. Glas hingegen hat den Vorteil, gesundheitlich unbedenklich zu sein. Je weniger Kilometer die Mehrweg-Glasflasche transportiert wurde, desto besser ist die Umweltbilanz. Einmalglas hat im Vergleich zur Nutzungsdauer einen hohen Energieverbrauch und ist laut NABU nicht empfehlenswert.

Leitungswasser ist die erste Wahl! Die Trinkwasserverordnung (TrinkwV 2001) sorgt dafür, dass Leitungswasser das am besten kontrollierteste Lebensmittel in Deutschland ist. Für die Überwachung sind die Gesundheitsämter per Gesetz verpflichtet.

THIS NOT THAT

	THIS	THAT
1	Regionale Pfandflaschen/-gläser (Milch, Sahne, Joghurt, Getränke etc.)	Plastikbecher, Einweg-PET, Dosen, Verbundkarton
2	Saisonales Obst und Gemüse süß oder herzhaft selbst einmachen	Dosen, Einmalgläser, weite Transportwege
3	Trockenwaren in Großpackungen	Mini-Single-Packungen
4	Wurst und Käse am Stück oder in eigenen Behältern	Vorgeschnittene und verpackte Ware
5	Handwerkskonditor/-bäcker	Süßigkeiten in Minitütchen
6	Kochen und Backen	Fertiggerichte und Fertigkuchen
7	Resteessen und Foodsharing	Biotonne
8	Trinkhalme aus Glas oder echtem Stroh	Plastiktrinkhalm
9	Kaffeemaschine, Filterkaffee, Milchkännchen und Zuckerdose, wiederverwendbare Kapseln und Pads	Kaffeekapseln, portionierte Kaffeesahne und Zuckersticks
10	Eigene Teepflanzen (siehe S. 37)	Mehrfach verpackter Kräutertee

» Mehrwegglas kann bis zu 50 Mal wieder befüllt werden. «

SCHÜSSEL-ABDECKUNG

Frischhalte- und Alufolien waren Gestern

Mit einer selbstgenähten Schüsselabdeckung wird der nächste Grillabend bei Freunden müllfrei und nachhaltig in Erinnerung bleiben. Ganz ohne Nähen können Sie auch Bienenwachstücher oder einen Teller zum Abdecken verwenden.

GRÖSSE
- ø 18 cm (runde Abdeckung in Weiß)
- ø 20 cm (runde Abdeckung in Beige gepunktet)
- 33 cm x 24 cm (ovale Abdeckung, in Rot gepunktet)

MATERIAL
- Leinenstoff in Weiß, 28 cm x 112 cm
- Wachstuch in Beige gepunktet, 30 cm x 112 cm
- Wachstuch in Rot gepunktet, 34 cm x 112 cm
- Gummiband, 5 mm breit, 160 cm lang
- farblich passendes Nähgarn

ZUSCHNITT

Runde Abdeckung ø 18 cm:
- 2x Leinenstoff in Weiß, ø 28 cm
- Gummiband, 5 mm breit, 40 cm lang

Runde Abdeckung ø 20 cm:
- 2x Wachstuch in Beige gepunktet, ø 30 cm
- Gummiband, 5 mm breit, 45 cm lang

Ovale Abdeckung:
- 2x Wachstuch in Rot gepunktet, 34 cm x 43 cm, mit abgerundeten Ecken
- Gummiband, 5 mm breit, 75 cm lang

NAHTZUGABEN
Im Zuschnitt sind 5 cm Nahtzugabe enthalten.

Hinweis: Sie können Ihre eigene Schüssel als Schablone verwenden und geben 5 cm Nahtzugabe hinzu.

1 Beide Teile rechts auf rechts legen. Wachstuch mit Klammern fixieren, da Nadeleinstiche später sichtbar sind. Die beiden Lagen bei 1 cm Nahtbreite zusammennähen, dabei eine Wendeöffnung lassen (10 cm bei Leinen- oder Baumwollstoffen und 15 cm bei Wachstuchstoffen). Je größer die Schüsselabdeckung, desto länger sollte die Wendeöffnung sein.

2 Bei Wachstuchstoffen kleine Keile in die Nahtzugabe schneiden, damit sich diese beim Wenden nicht zu stark staucht.

3 Wenden und Kante mit einem Stäbchen ausformen, Leinen- oder Baumwollstoffe glattbügeln, Wachstuch nicht bügeln.

4 Für den Tunnelzug im Abstand von 2 cm, Wachstuch 3 cm, einen zweiten geschlossenen Kreis nähen.

5 Gummiband mit Hilfe einer Sicherheitsnadel in den Tunnel ziehen. Bei Wachstuchcovern ist dabei etwas Geduld und Geschick gefragt.

6 Abdeckung über die Schüssel legen, Gummizug festziehen und gut verknoten.

7 Wendeöffnung straffziehen und knappkantig schließen.

Grillen mit Alufolie? Sie schützt vor Verbrennungen, hält krebserregende Rauchpartikel ab und hält Flüssigkeiten und Aromen im Grillgut. ABER: Salziges und Saures lösen kleinste Aluminium-Ionen und können so mitverspeist werden. Wenn Alufolie, dann besser erst nach dem Grillen salzen oder mit Zitrone beträufeln.

STOFF-SERVIETTEN

MIT SERVIETTENRING

Vom Lateinischen „servus" – „Diener" abgeleitet, ist die Serviette die „kleine Dienerin".

GRÖSSE
36 cm x 36 cm

MATERIAL (FÜR 6 SERVIETTEN)
- Baumwollstoff in Weiß, 40 cm x 112 cm
- Baumwollstoff in Grau gepunktet, 40 cm x 112 cm
- Baumwollstoff in Bordeauxrot, 40 cm x 112 cm
- Nähgarn in Weiß und Grau

ZUSCHNITT
Serviette
- 2x Baumwollstoff in Weiß, 40 cm x 40 cm
- 2x Baumwollstoff in Grau gepunktet, 40 cm x 40 cm
- 2x Baumwollstoff in Bordeauxrot, 40 cm x 40 cm

Serviettenring
- 2x Baumwollstoff in Weiß, 12 cm x 8 cm
- 2x Baumwollstoff in Grau gepunktet, 12 cm x 8 cm
- 2x Baumwollstoff in Bordeauxrot, 12 cm x 8 cm

NAHTZUGABEN
Im Zuschnitt ist 1 cm Nahtzugabe enthalten.

SERVIETTEN MIT BRIEFECKEN

1 Den Saum 8 mm auf links einschlagen, bügeln, nochmals 1 cm einschlagen und bügeln, wieder aufklappen.

2 Die Ecken auf links Richtung Mitte einschlagen. Die innerste Saumbügelecke liegt nun genau mittig auf der eben entstandenen Faltkante, die Bügelkanten der Säume liegen aufeinander. Faltkante bügeln und wieder aufklappen.

3 Den ersten Saum (8 mm) einschlagen, Stoff auf rechts diagonal von Ecke zu Ecke falten, die eben entstandenen Enden der Faltkante liegen nun aufeinander. Von diesem Punkt zur innersten Saumbügelecke eine Markierung ziehen und absteppen.

4 Ecken abschneiden, Nahtzugabe auf 3 mm kürzen und an den Ecken leicht abschrägen.

5 Nahtzugabe auseinanderbügeln, Stoff wenden und Ecken mit einem Stäbchen ausformen.

6 Saum nochmals bügeln und knappkantig absteppen. Jeweils bis zur Eckendiagonale nähen, dann drehen. Für einen gleichmäßigen Abstand zur Stoffkante eine Saumführung verwenden.

SERVIETTENRING

1 An einer kurzen Seite einen 1 cm breiten Saum einbügeln.

2 Dann den Streifen rechts auf rechts der Länge nach mittig falten, bügeln und bei 1 cm Nahtbreite absteppen. Nahtzugabe auseinanderbügeln.

3 Wenden, die Naht längs und mittig setzen und erneut bügeln.

4 An den beiden langen Kanten knappkantig Ziernähte setzten, dabei 1 cm vor dem gesäumten Ende stoppen.

5 Das nicht gesäumte Ende 1 cm tief in das versäumte Ende einstecken, die beiden Ziernähte verlängern und so den Serviettenring schließen. Sollte es für die Nähmaschine zu eng sein, dann mit der Hand zusammennähen.

__Tipp:__ Leichte „Servietten" lassen sich als Taschentücher verwenden. Regelmäßig bei 60 °C oder 90 °C gewaschen sind sie hygienisch und mit einem Monogramm bestickt besteht keine Verwechslungsgefahr.

KAFFEEFILTER

Läuft!

Melitta Bentz hat ihn im Jahre 1908 erfunden. Heute ist frisch aufgebrühter Filterkaffee Old School aber nicht altbacken. Selbstgemachte Kaffeefilter sind eine schöne Ergänzung des morgendlichen Kaffeerituals.

GRÖSSE
11,5 cm x 17 cm (Oberkante)

MATERIAL
- Bio-Baumwollstoff in Dunkelbraun kariert, 16 cm x 112 cm
- Nähgarn in Dunkelbraun

ZUSCHNITT
- 1 x Bio-Baumwollstoff, 16 cm x 30 cm
- 1 x Bio-Baumwollstoff, 10 cm x 3,5 cm (Hänger)

NAHTZUGABEN
Im Zuschnitt sind 5 mm bzw. 1 cm Nahtzugabe enthalten.

Tipp: *Verwenden Sie als Schablone Ihren passenden Papierfilter und geben Sie an der Oberkante 1 cm und den beiden verbleibenden Schnittkanten 5 mm Nahtzugabe hinzu.*

INFOS ZUM MATERIAL
Testen Sie Ihren Stoff vorher: Verhält sich die Fließgeschwindigkeit ähnlich der Ihres Papierfilters? Fließt der Kaffee zu schnell oder zu langsam, ändert sich der Geschmack.
Bei Stoffen in Beige- oder Brauntönen sind spätere Verfärbungen weniger sichtbar.

Tipp: *Bevor Sie Ihren ersten Kaffee genießen, kochen Sie die Kaffeefilter fünf Minuten aus. Kaffeefilter nach Gebrauch gründlich reinigen und zum Trocknen aufhängen. Einmal im Monat Beutel für fünf Minuten auskochen oder in der Waschmaschine in einem Wäschenetz waschen.*

1 Hänger vorbereiten: Beide lange Kanten jeweils 5 mm nach links umbügeln, dann mittig der Länge nach auf links zusammen bügeln. Das entstandene schmale Band knappkantig absteppen.

2 Runde Oberkante über die gesamte Länge 1 cm auf links umbügeln und knappkantig mit einem breiten Zickzackstich absteppen.

3 Stoff mittig rechts auf rechts falten, der Zickzackstich der oberen Saumkante ist sichtbar.

4 Hänger mittig falten, in den Stoff legen. Die beiden Enden im Abstand von 2 cm und 3 cm zur Oberkante befestigen. Das versetzte Befestigen ist flacher zu nähen und gibt mehr Haltekraft.

5 Untere und seitliche Kante mit einem breiten und kurzen Zickzackstich knappkantig vernähen, den Hänger doppelt verriegeln.

6 Wenden und die Ecken mit einem Stäbchen ausformen, bügeln.

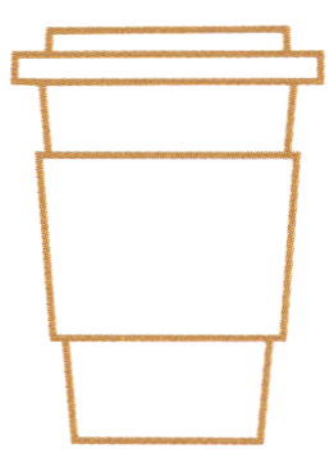

COFFEE-TO-GO-BECHER:
Pro Stunde werden in Deutschland 320 000 Coffee-to-go-Becher verbraucht. Bei einer Nutzungsdauer von durchschnittlich 15 Minuten wird mit einer kleinen Annehmlichkeit ein Müllberg von 40 000 Tonnen jährlich produziert (Deutsche Umwelthilfe).

TEEBEUTEL

It´s tea time!

Mit „Knöpfchen" individuell genießen.

GRÖSSE
8,5 cm x 6 cm

MATERIAL (FÜR 4 TEEBEUTEL)
- leichter Bio-Baumwollstoff in Cremé oder Braun kariert, 11 cm x 112 cm breit
- Dickes Garn in Beige, 1 m lang
- 4 Knöpfe, ø 1,5 cm bis 2,5 cm
- Nähgarn in Dunkelbraun

ZUSCHNITT
- 4x leichter Bio-Baumwollstoff, 11 cm x 13 cm
- 4x Garn, 25 cm lang

NAHTZUGABEN
Im Zuschnitt ist 1 cm Nahtzugabe enthalten.

INFOS ZUM MATERIAL
Bei Stoffen in Beige- oder Brauntönen sind spätere Verfärbungen weniger sichtbar.

Tipp: *Teebeutel vor dem ersten Verwenden für fünf Minuten auskochen und das Auskochen ca. einmal im Monat wiederholen. Nach jedem Gebrauch reinigen und gut trocknen lassen.*

1 Tunnel nähen: eine lange Seite (13 cm) rechts auf rechts 2 cm einschlagen, bügeln. Beide Tunnelenden markieren, wieder öffnen. Beide Tunnelenden (Länge 4 cm) mit einem breiten und kurzen Zickzackstich versäubern.

2 Garn in die Bügelkante einlegen, Saum wieder auf rechts falten und knappkantig mit einem breiten und kurzen Zickzackstich zusteppen.

3 Untere und seitliche Kante mit einem breiten und kurzen Zickzackstich knappkantig bis an den Tunnel vernähen.

4 Wenden und die Ecken mit einem Stäbchen ausformen, dann bügeln.

5 Garn durch die Knopflöcher fädeln, verknoten und den Knoten unsichtbar in den Tunnel ziehen.

Auf dem eigenen Balkon oder im Garten lässt sich alles für einen leckeren Kräutertee ganz einfach anbauen, z. B. verschiede Minze-Arten, Salbei, Zitronenmelisse oder Zitronenverbene (nicht winterhart). Blätter vor der Blüte ernten und an einem dunklen und kühlen Ort trocknen. Nur ganz trockene Blätter in Gläsern verstauen, sonst bildet sich Schimmel.

EINKAUFEN

» Schritt für Schritt umweltbewusster und besser leben. «

NEUES & ALTES ENTDECKEN

VERPACKUNGSFREI & SELBSTBESTIMMT

Spätestens wenn alle Vorräte aufgebraucht sind, ruft der Einkauf. Dann steht man vor dem Regal und alles ist verpackt. Verpackungen haben auch gute Eigenschaften, z. B. schützen sie den Inhalt und machen so vieles transportfähiger und langlebiger. Sie bieten Platz für Zutatenlisten, Inhaltsangaben, Werbung, Angaben zur Haltbarkeit, Herstellungsort und ermöglichen die Selbstbedienung. Bevor es Selbstbedienungsläden gab, wurde jeder einzeln bedient, heute, wie der Name sagt, bedienen wir uns selbst. Das spart großen Unternehmen noch mehr Personal- und Platzkosten. Ein Kühlregal benötigt weniger Stellfläche und Personal als eine Theke mit einer ausgebildeten Fachverkäuferin, die die Kunden gern berät.
Wer unverpackte Fleisch- und Wurstwaren oder Käse kaufen möchte, wird an der entsprechenden Theke fündig. Das Brot bekommt man am ehesten beim Bäcker in den eigenen Stoffbeutel. Gemüse und Obst gibt es in vielen Supermärkten plastikfrei, eine große und regionale Auswahl findet sich auf Wochenmärkten. Statt stumm den Einkaufswagen durch die Regalgänge zu schieben, gibt es beim Zero Waste-Einkauf mehr Gesprächsstoff, denn Verpackungen vermeiden ist noch ungewöhnlich. Angesichts der 490 kg Haushaltsabfälle pro Kopf führt langfristig kein Weg an Müllvermeidung vorbei. Auch die Unternehmen müssen sich irgendwann dem Problem stellen und innovative Lösungen anbieten.

» Fragen kostet nichts. «

KURBIS
280

So funktioniert der Einkauf in einem Unverpackt-Laden

- *Vor dem Einkauf: Einkaufsliste schreiben, Taschen, Behälter, Flaschen und Einmalgläser einpacken.*
- *Im Laden: Taschen und Behälter leer wiegen, Gewicht notieren und mit Waren befüllen. Beim Zahlen an der Kasse wird das Leergewicht abgezogen.*
- *Nach dem Einkauf: Produkte, falls nötig, umfüllen.*

Keine eigenen Verpackungen zuhause oder zur Hand? Verpackungsfreie Läden führen Taschen, Papierbeutel, Gläser und Boxen. Besonders umweltschonend sind Einmalglas-Kisten. Kunden können im Laden saubere Einmalgläser abgeben oder bei Bedarf verwenden und mitnehmen. Das erleichtert auch den Spontankauf und verbessert die Ökobilanz von Einmalgläsern.

So funktioniert der Einkauf ohne Unverpackt-Laden

Nicht jeder hat einen Unverpackt-Laden um die Ecke. Extra Strecken deshalb mit dem Auto zu fahren kostet Zeit und verschlingt unnötig Sprit, vielleicht sogar mehr als die Verpackungen verschwenden. Für den Start genügt der Gang mit offenen Augen und Ohren durch den gewohnten Alltag. Brot-, Fleisch-, Wurst- und Käsetheken sind leicht zu finden. Auch bei unverpacktem Gemüse und Obst wird man fündig. Bioware hingegen ist häufig problematisch. Um Bio von konventioneller Ware zu unterscheiden, ist sie oft abgepackt. Aufgrund der öffentlichen Empörung werden immer öfter kleine Aufkleber, Banderolen oder sogar Laser-Etikettierung verwendet.

» Probleme ansprechen lohnt sich. «

Auf dem Wochenmarkt oder im Bioladen sind Obst und Gemüse nicht oder weniger verpackt. Milch und Milchprodukte in Pfandflaschen und -gläsern von lokalen Molkereien haben Bioläden und Supermärkte im Sortiment. Leitungswasser kommt aus dem Hahn. Getränkemärkte und -abteilungen führen Mehrwegflaschen von regionalen Wasser- und Saftabfüllern oder ansässigen Brauereien. In Drogerien gibt es z. B. feste Seifen, Haarseifen, Wattestäbchen mit Papierschaft und Großpackungen an Recyclingtoilettenpapier. Auch ohne Unverpackt-Läden lässt sich Müll drastisch reduzieren. Es lohnt sich, von gewohnten Wegen abzuweichen und auch andere Läden auszukundschaften.

THIS NOT THAT

	THIS	THAT
1	Eigener Brotbeutel	Einmal-Papiertüte beim Bäcker
2	Eigener Behälter, eigene Box an der Theke	Plastik aus dem Kühlregal
3	Pfandflaschen/-gläser	Plastik, Verbundkarton, Einmalgläser und -flaschen, Dosen
4	Grundnahrungsmittel	Fertiggerichte
5	Saisonales und regionales Obst und Gemüse	Weite Transportwege und lange Lagerzeiten
6	Sinnvolle Großpackungen	Mini-Plastikaufreißer
7	Regionaler Lieferservice (Ökokiste und Getränke)	Unnötige Wege, schweres Schleppen
8	Getränkemarkt und -abteilung mit regionalem Angebot	Einwegflaschen
9	Ökologische Reinigungs- und Pflegemittel oder Selbstgemacht	Mikroplastik oder Plastikflaschen
10	Portionen und Mengen selbstbestimmen	Vorgepacktes

» Vorportioniert vs. Portionen selbstbestimmen. «

Monatlich werden 14 %, etwa 342 Euro, der privaten Pro-Kopf-Konsumausgaben für Ernährung ausgeben (Statistisches Bundesamt, 2017).

BROTBEUTEL

In vier Varianten

300 Sorten – unsere Brotkultur ist weltweit einmalig. Nirgendwo sonst gibt es eine so große Vielfalt, deshalb zählt die „Deutsche Brotkultur" seit 2014 zum immateriellen UNESCO-Kulturerbe. Da hat sich unser Brot eine schöne Hülle redlich verdient. Auch alte Tischdecken oder Geschirrtücher lassen sich kreativ wiederverwenden.

GRÖSSE

- 80 cm x 25 cm (Baguette-Brotbeutel)
- 48 cm x 25 cm (Kastenbrotbeutel)
- 48 cm x 40 cm (Familien- oder Fladen-Brotbeutel)
- 20 cm x 20 cm (Mini-Brotbeutel)

MATERIAL

- Baumwollstoff in Grau-Weiß kariert, 124 cm x 112 cm
- Baumwollstoff in Rosa-Weiß kariert, 42 cm x 112 cm
- Kordel in Weiß 5 mm stark, 100 cm lang
- Baumwollstoff in Rosa-Weiß kariert, 22 cm x 112 cm
- Kordel in Weiß, 3 mm stark, 60 cm lang
- Nähgarn in Weiß

ZUSCHNITT

Baguette-Brotbeutel mit Stoffträger:

- 1x Baumwollstoff in Grau-Weiß kariert, 87 cm x 52 cm (Beutel)
- 1x Baumwollstoff in Grau-Weiß kariert, 112 cm x 10 cm (Träger)

Kastenbrotbeutel mit Stoffträger:

- 1x Baumwollstoff in Grau-Weiß kariert, 55 cm x 52 cm (Beutel)
- 1x Baumwollstoff in Grau-Weiß kariert, 75 cm x 8 cm (Träger)

Familien- oder Fladen-Brotbeutel mit Kordelzug:

- 1x Baumwollstoff in Rosa-Weiß kariert, 42 cm x 106 cm
- 2x Kordel in Weiß 5 mm stark, 90 cm

Mini-Brotbeutel mit Kordelzug:

- 1x Baumwollstoff in Rosa-Weiß kariert, 22 cm x 48 cm
- 2x Kordel in Weiß, 3 mm stark, 50 cm

NAHTZUGABEN

Im Zuschnitt ist 1 cm Nahtzugabe enthalten.

BAGUETTE-BROTBEUTEL MIT STOFFTRÄGER (IM BILD RECHTS)

1 Stoffträger: Den Stoffstreifen (112 cm x 10 cm) der Länge nach rechts auf rechts falten, bügeln und mit 1 cm Nahtzugabe die lange Seite absteppen. Nahtzugabe auseinanderbügeln und den Träger mit Hilfe einer Sicherheitsnadel und einem Stab wenden. Die Naht mittig ausrichten und die Längskanten bügeln. Offene Trägerenden 2 cm nach innen einschlagen und knappkantig absteppen. Beide Enden sind nun geschlossen.

2 Tunnelzug nähen: An einer kurzen Seite (52 cm) den Saum zuerst 1 cm, dann 5 cm nach links umbügeln. Tunnel wieder aufklappen, an beiden Tunnelenden einen 12 cm langen und 1 cm breiten Saum auf links einbügeln und knappkantig absteppen, so entsteht ein schöner und stabiler Tunnelausgang. Tunnel wieder einklappen und knappkantig absteppen.

3 Stoff rechts auf rechts mittig falten, es entsteht der lange Baguette-Brotbeutel, Tunnelzug liegt sichtbar oben. Geschlossenes Trägerende am unteren langen Seitenende mit einem Abstand von 5 cm zur Beutelunterkante befestigen. Der Träger liegt innen, nur das Trägerende ist sichtbar.

4 Beide offenen Kanten (unten und seitlich) schließen. Eingelegtes Trägerende mehrmals übernähen. An der Seitenkante knapp bis an den Tunnel steppen und das Ende gut verriegeln, dort ist die Zugbelastung später am höchsten. Beutel wenden.

5 Loses Trägerende mit Hilfe einer Sicherheitsnadel in den Tunnel ziehen. Darauf achten, dass der Träger nicht verdreht wird. Tunnel gerade ziehen und mit einem Abstand von 2 cm zum Tunnelausgang das lose Ende am Träger annähen. Hier kann die individuelle Trägerlänge gut angepasst werden.

6 Zum Schluss die Nahtzugaben mit Zickzackstich oder der Overlock versäubern.

KASTENBROTBEUTEL MIT STOFFTRÄGER (IM BILD RECHTS)

1 Den Stoffträger (Streifen 75 cm x 8 cm) arbeiten, wie in Schritt 1, Anleitung Baguette-Beutel, beschrieben, allerdings ohne das Schließen des Trägerendes.

2 Den Tunnelzug nähen, wie in Schritt 2, Anleitung Baguette-Beutel, beschrieben.

3 Stoff rechts auf rechts mittig falten, es entsteht der längliche Kastenbrotbeutel, Tunnelzug liegt sichtbar oben. Beide offenen Kanten (unten und seitlich) schließen. An der Seitenkante knapp bis an den Tunnel nähen und das Ende gut verriegeln, dort ist die Zugbelastung später am höchsten. Beutel wenden.

4 Stoffträger mit Hilfe einer Sicherheitsnadel in den Tunnel ziehen. Darauf achten, dass der Träger nicht verdreht wird. Ein Trägerende 2 cm nach innen einschlagen, das zweite Ende 2 cm tief einstecken und knappkantig absteppen. Verbindung unsichtbar in den Tunnel ziehen.

5 Zum Schluss die Nahtzugaben mit einem Zickzackstich oder der Overlock versäubern.

FAMILIEN- UND MINI-BROTBEUTEL MIT KORDELZUG (AUF SEITE 45 IM BILD LINKS UND HIER IM BILD LINKS)

1 Tunnelzug nähen: An beiden kurzen Seiten (22 cm bzw. 42 cm) einen Saum zuerst 1 cm, dann 3 cm bzw. 4 cm nach links umbügeln. Tunnel wieder aufklappen, an beiden Tunnelenden einen 8 cm bzw. 10 cm langen und 1 cm breiten Saum auf links einbügeln und knappkantig absteppen, so entsteht ein schöner und stabiler Tunnelausgang. Tunnel wieder einklappen und knappkantig absteppen.

2 Stoff rechts auf rechts mittig falten, Tunnelzüge liegen sichtbar oben und übereinander. An den beiden Seitenkanten knapp bis an den Tunnel nähen und das Ende gut verriegeln, dort ist die Zugbelastung später am höchsten. Beutel wenden.

3 Kordeln jeweils von links und rechts mit Hilfe einer Sicherheitsnadel in die Tunnel ziehen, einmal links und einmal rechts verknoten. Zum Schluss die Nahtzugaben mit Zickzackstich oder der Overlock versäubern.

Beim Bäcker sind Papiertüten sehr schnell zur Hand. Deshalb: Bevor Sie Ihre Bestellung abgeben, „warnen" Sie schon mal vor: „Ich habe meine eigene Tasche dabei, könnten Sie mir bitte das Brot dort hineingeben?" Lassen Sie ruhig Brot und Brötchen in einen Beutel wandern. Gehen Sie immer mit sauberen Taschen zum Bäcker. Das Personal ist angewiesen, aus Hygienegründen nichts Schmutziges über die Theke zu nehmen.

OBST- & GEMÜSENETZ

Second Life – plastikfrei Obst und Gemüse einkaufen mit Omas alter Gardine

Wählen Sie einen Stoff, der so leicht wie möglich ist, da der Beutel manchmal beim Einkaufen mitgewogen wird. Alte Gardinen oder auch grobmaschigere Tüllstoffe haben den Vorteil, dass das Verkaufspersonal mit einem Blick sieht, was der Inhalt ist. Das spart Zeit.

GRÖSSE
35 cm x 30 cm

MATERIAL
- leichter Gardinen- oder Vorhangstoff, 40 cm x 112 cm
- Kordel in Rot, 5 mm stark, 70 cm lang
- Nähgarn in Weiß oder der Kordelfarbe

ZUSCHNITT
- leichter Gardinen- oder Vorhangstoff, 40 cm x 62 cm

NAHTZUGABEN
Im Zuschnitt ist 1 cm Nahtzugabe enthalten.

***Tipp:** Bei Gardinen mit Stangendurchzug müssen Sie keinen Tunnel nähen, sondern können einfach die Kordel einziehen (im Bild oben).*

1 Lange Seite (62 cm) zur Tischkante legen und jeweils an den beiden oberen Ecken an der kurzen Seite (40 cm) einen 5 cm langen und 1 cm breiten Saum einbügeln und knappkantig absteppen. Später ergibt das einen schönen und stabilen Tunnelausgang.

2 Für den Tunnelzug die obere lange Stoffkante (abgesäumte Ecken) 2,5 cm auf rechts einbügeln und knappkantig mit einem Zickzackstich absteppen.

3 Den Stoff rechts auf rechts in der Mitte falten, der Tunnel liegt nun sichtbar oben. Die beiden offenen Kanten (unten und seitlich) mit einem Zickzackstich oder der Overlock-Maschine schließen. An der Seitenkante knapp bis an den Tunnel nähen und das Ende gut verriegeln, dort ist die Zugbelastung später am höchsten.

4 Kordel mit Hilfe einer Sicherheitsnadel in den Tunnel einziehen und Enden verknoten.

Bei Obst und Gemüse ist regional und saisonal am gesündesten und günstigsten. Die Vitaminbomben haben keine weiten Wege hinter sich und sind frisch vom Feld oder aus dem Gewächshaus. Auf Wochenmärkten ist Gemüse und Obst häufig am selben Tag geerntet worden.

EINKAUFS-TASCHE

Viel Platz für Gutes

Am Wichtigsten für den müllfreien Einkauf: Bringen Sie Ihre eigene Tasche mit! Wenn sie so hübsch anzusehen ist wie diese hier, fällt das ganz leicht. Ich empfehle Ihnen Leinenstoff; dieser ist strapazierfähiger und auch ökologischer als Baumwolle.

GRÖSSE
40 cm x 30 cm x 20 cm

MATERIAL
- Leinenstoff in Rosé, 64 cm x 112 cm, gewaschen
- Molton oder Einlagevlies in Weiß, 64 cm x 112 cm
- Baumwollstoff in Beige-Weiß gemustert, 78 cm x 112 cm
- Baumwollstoff in Rosé, 30 cm x 112 cm
- Nähgarn in Rosé und Beige

ZUSCHNITT
- 1x Leinenstoff in Rosé, 42 cm x 82 cm
- 2x Leinenstoff in Rosé, 22 cm x 32 cm (Seitenteile)
- 2x Leinenstoff in Rosé, 65 cm x 5 cm (Träger)
- 1 Molton oder Einlagevlies in Weiß, 42 cm x 82 cm
- 2x Molton oder Einlagevlies in Weiß, 22 cm x 32 cm (Seitenteile)
- 1x Baumwollstoff in Beige-Weiß, 62 x 82 cm (Innenfutter)
- 2x Baumwollstoff in Beige-Weiß, 65 cm x 5 cm (Träger)
- 1x Baumwollstoff in Rosé, 30 x 42 cm (Außentäschchen)

NAHTZUGABEN
Im Zuschnitt ist 1 cm Nahtzugabe enthalten.

1 Stoffträger: Jeweils einen Streifen Leinen und Baumwolle (65 cm x 5 cm) bündig rechts auf rechts legen und die Längskanten mit 5 mm Nahtbreite schließen. Nahtzugabe auseinanderbügeln und mit Hilfe einer Sicherheitsnadel und einem Stab wenden. Beide Trägerbänder bügeln und füßchenbreit jeweils an den Längskanten absteppen.

2 Seitentäschchen: Baumwollstoff in Rosé der Länge nach auf rechts falten, es entsteht ein Rechteck (15 cm x 42 cm), Längsseite absteppen. Nahtzugabe auseinanderbügeln und wenden. Bügeln und an der Nähkante 1 cm breit absteppen. Zwei Trennstriche von links bei 6 cm und 22 cm markieren.

3 Leinenrechtecke jeweils links auf links bündig auf den passenden Einlagestoff legen und einmal mittig der Länge nach zusammennähen bzw. fixieren (oder stattdessen aufbügelbares Einlagevlies auf den Leinenstoff bügeln).

4 Seitentäschchen am großen Stoffteil (42 cm x 82 cm) befestigen: Oberkante Seitentäschchen (Naht und 1 cm abgesteppt) parallel mit einem Abstand von 15 cm zur Oberkante (42 cm) auf den Leinenstoff legen. An den beiden Seiten zum Fixieren 5 mm breit absteppen. Unterkante über die gesamte Länge annähen, auf dem Rückweg die Einteilungen an den Markierungen bei 22 cm und 6 cm nähen, jeweils vor der oberen Ziernaht stoppen.

5 Innenfutter: Baumwollstoff in Beige-Weiß mittig rechts auf rechts falten (62 cm x 41 cm). An der unteren Faltkante jeweils an beiden Ecken ein Viereck von 9 cm x 9 cm ausschneiden (zwei Schnitte). Die kurzen

Seiten absteppen. Jeweils die beiden Schnittkanten der ausgeschnittenen Vierecke aufeinanderlegen und absteppen. Es bildet sich der Boden.

6 Leinenseitenteile rechts auf rechts an den Längsseiten des Taschenkörpers mit 1 cm Nahtbreite annähen. An den Ecken biegt sich der Stoff.

7 Leinen- und Innentasche rechts auf rechts ineinanderstecken. Sichtbar sind nun außen und innen die linken Stoffseiten beider Taschen.

8 Oberkanten vom Innenfutter und Außenstoff bündig aufeinanderlegen. Beide Träger zwischen die beiden Stoffe an den Oberkanten einlegen. Innenfutter-Träger liegt auf der Innenfutter-Tasche. Träger mittig an den Seiten ausrichten, zwischen den Trägern ist ein Abstand von 15 cm. Träger liegen 4 cm über der Kante hinaus.

9 Oberkante bis auf eine Wendeöffnung von 15 cm an einem Seitenteil absteppen. An den Verbindungsnähten einmal rückwärts und an den Trägern jeweils dreimal rückwärts, ruhig auch in die Nahtzugabe, nähen.

10 Wenden, Wendeöffnung glattbügeln und „unsichtbar" mit Oberfaden in Rosé und Unterfaden in Grau knappkantig schließen.

11 Oberkante 1 cm breit absteppen und an den Trägerverbindungen Vierecke zum Fixieren nähen.

12 Zur besseren Stabilität Boden und die vier Seiten etwa 1 cm breit absteppen. Darauf achten, dass Leinen- und Einlagestoff verbunden sind. Das Innenfutter nicht mitnähen, so kann später die Innentasche separat gereinigt bzw. abgebürstet werden.

FLASCHEN-TASCHE

Im Viererpack

Ohne großes Gebimmel Pfandflaschen einkaufen und wieder zurückbringen.

GRÖSSE
25 cm x 20 cm x 20 cm
(Geeignet für Flaschen bis zu einem Umfang von 30 cm)

MATERIAL
- Fester Baumwollstoff in Bordeauxrot, 44 cm x 112 cm
- Baumwollstoff in Rosa-Weiß kariert, 44 cm x 112 cm
- Gurtband in Schwarz 4,5 cm breit, 150 cm lang
- Nähgarn in Bordeauxrot, Schwarz und Weiß

ZUSCHNITT
- 2x Baumwollstoff in Bordeauxrot, 22 cm x 22 cm (Boden)
- 4x Baumwollstoff in Bordeauxrot, 30 cm x 22 cm (Außenstoff)
- 2x Baumwollstoff in Bordeauxrot, 20 cm x 24 cm (Inneneinteilung)
- 4x Baumwollstoff in Rosa-Weiß kariert, 30 cm x 22 cm (Futterstoff)
- 2x Baumwollstoff in Rosa-Weiß kariert, 20 cm x 24 cm (Inneneinteilung)
- 2x Gurtband in Schwarz, 4,5 cm breit, 75 cm lang

NAHTZUGABEN
Im Zuschnitt ist 1 cm Nahtzugabe enthalten.

1 Inneneinteilung: Jeweils ein Stoffteil in Bordeauxrot und Rosa-Weiß kariert (20 cm x 24 cm) rechts auf rechts legen, Kanten bis auf eine Wendeöffnung von etwa 10 cm an einer langen Seite zusammennähen. Nahtzugabe an den Ecken schräg einkürzen. Wenden, Ecken mit einem Stäbchen ausformen und bügeln. Wendeöffnung knappkantig zusteppen. Beide Rechtecke aufeinanderlegen und parallel zur langen Seite (24 cm) genau mittig zusammennähen. Die Inneneinteilung hat aufgeklappt nun vier Flügel.

2 Boden: Beide Quadrate rechts auf rechts legen und wie die Quadrate der Inneneinteilung nähen.

3 Seitenteile: Außenstoff und Innenfutter rechts auf rechts legen und nur die Oberkanten (22 cm) zusammennähen. Nahtzugabe auseinanderbügeln, wieder links auf links falten und Oberkante bügeln.

4 Erste Flügelkante (Wendeöffnung unten) der Inneneinteilung bündig zur Unterkante an einem Seitenteil mittig annähen. An der Unterkante 2 cm ohne Naht frei lassen.

5 Boden und Seitenteil rechts auf rechts legen und zusammennähen. Am Anfang und Ende jeweils 1 cm für die folgenden Seiten ohne Naht frei lassen.

6 Zweiten Flügel mittig an das nächste Seitenteil annähen, wieder 2 cm Luft zur Unterkante lassen. Zweites Seitenteil rechts auf rechts an erstes Seitenteil annähen. Darauf achten, dass die Oberkanten bündig sind. Zweites Seitenteil an den Boden nähen. Um die Seitenteile miteinander zu verbinden, die jeweiligen Ecken einzeln nach „außen“ ziehen und „innen“ vernähen.

7 Mit den nächsten beiden Flügeln und Seitenteilen ebenso verfahren.

8 Oberkante 2,5 cm nach innen einschlagen und absteppen.

9 Zur Stabilisierung die vier Seiten außen etwa 1 cm breit absteppen. Darauf achten, dass beide Stoffe miteinander vernäht werden.

10 Träger befestigen: Oberfaden in Schwarz und Unterfaden in Weiß verwenden. An den gegenüberliegenden Seiten jeweils mittig zu einer „Flasche" befestigen. Träger und Tasche überlappen sich 9 cm. Zum Fixieren knappkantig ein Rechteck und mittig ein Kreuz nähen.

11 Träger nähen: Oberfaden und Unterfaden in Schwarz verwenden. Für mehr Tragekomfort die Gurtbänder im Tragebereich um die Hälfte verschmälern, indem sie längs zur Hälfte gefaltet werden. Dann die Strecke absteppen (ca. 30 cm). An den Enden jeweils schräg zur Faltkante absteppen.

UNTER-
WEGS

*» Die Zeit nehm' ich mir,
einfach mal entschleunigen. «*

MÜLLFREI TO GO

Ausser-Haus-Verpflegung

Unterwegs essen ist ein beliebter und stetig wachsender Trend. Einfach, praktisch und schnell – kein Einkaufen, kein Kochen, kein Abspülen. Durchschnittlich wurden 2017 für den Mittagstisch 7,30 Euro ausgegeben, 1,20 Euro mehr als 2016 (BMEL-Ernährungsreport, 2018). Zu jeder Zeit ein volles Buffet. Nach dem großen Schlemmen fallen in Kantine, Mensa, Bäckerei, Restaurant und Lieferservice unverkaufte Essensreste an. Vieles landet aus lagerungsbedingten und hygienischen Gründen in der Tonne. Einige Betriebe arbeiten eng mit den Tafeln oder Foodsharing zusammen. Andere bieten inzwischen kleinere Portionen mit Nachschlag an, um der Lebensmittelverschwendung entgegen zu wirken. Unterschiedliche Apps wurden entwickelt um Lieferservice und „Spätesser" zusammen zu bringen. Restaurant oder Lieferservice müssen weniger oder keine Gerichte wegwerfen, der Kunde bekommt die Speisen zu einem geringeren Preis, für beide eine Win-Win-Situation.

Eine lange Tradition haben die indische Tiffin-Box und die japanische Bentō-Box. Darin wird das tägliche Mittagsessen seit Generationen transportiert und aufbewahrt.

Mittagsessen in der eigenen Lunchbox von zuhause mitzubringen vermeidet Müll, verwertet Resteessen und ist oft günstiger, kostet aber mehr Zeit am Abend oder Morgen. Wer Zeit sparen möchte, kann trotzdem die Lunchbox mitnehmen und sich Gekauftes einpacken lassen. Beim Lieferservice wird es zugegeben schwierig, aber auch hier werden sich sicherlich bald neue Alternativen, ähnlich wie bei Coffee-to-go-Bechern, entwickeln. Auch Fertigsalate sind ein beliebtes leichtes Mittagessen. Leicht ist nur die Verpackung, der CO_2-Rucksack wiegt schwer. Verpackt in einer Plastikschüssel, mit kleinem Plastik-Dressing oder mundgerecht im Obst-Plastikbecher und einer passenden Plastik-Wegwerfgabel – Schnippeln und Abspülen gespart, Müll produziert. Fertigsalate, die in der Kühltheke zurückbleiben, müssen samt Inhalt und Verpackung entsorgt werden.

TRINKEN TO GO

Keine Eintagsfliege trotz kurzer „Lebenszeit“: Aus einem Coffee-to-go-Becher wird durchschnittlich 15 Minuten Kaffee geschlürft. In Deutschland landen 320 000 Coffee-to-go-Becher pro Stunde im Eimer. Das ergibt die unglaubliche Summe von 2,8 Milliarden Einweg-Bechern pro Jahr, 31 000 Tonnen Becher-Abfall und nochmal 9 000 Tonnen Deckel-Müll. Die Kombination Papier und dünne Plastikbeschichtung macht das Recycling schwierig. Die Papierfasern lösen sich nur teilweise von der Beschichtung. Das Wenigste verbleibt zur Herstellung von Recyclingpapier, der Großteil muss mit dem Restmüll verbrannt werden (Deutsche Umwelthilfe, 2015).

Eine Tasse Kaffee aus Kapseln oder Pads kostet zwischen 20 und 40 Cent, hochgerechnet entstehen Kosten von bis zu 60 Euro für 1 kg Kaffee. Dagegen ist 1 kg Filterkaffee in Bio- und Fairtrade-Qualität für 20 Euro ein Schnäppchen (Kaffeefilter nähen, siehe S. 34).

VOM KAFFEE ZUM WASSER

In vielen Städten engagiert sich die Initiative Refill. Mit einem Refill-Aufkleber können Läden schon von außen sichtbar machen, dass drinnen die eigene Flasche kostenfrei mit Leitungswasser aufgefüllt wird. Das verhindert den Durstkauf von PET-Flaschen.

	THIS	NOT THAT
1	Leitungswasser und Refill	Einmalflaschen
2	Kaffee-Thermobecher, Mehrweg-Pfandbecher oder Hinsetzen	Coffee-to-go-Einwegbecher
3	Brotbox, Brotzeittäschchen, Lunchbag	Wegwerf-Plastik- und Papiertüten
4	Aufbewahrungsbox, Bentō Box, Tiffin-Box	Plastikverpackung für To-go-Essen
5	Reste essen	To-go-Food oder Lebensmittelverschwendung
6	Mehrweg-Besteck und -Geschirr	Plastikbesteck, Papierteller
7	Mehrweg-Trinkhalm (z. B. Glas, Edelstahl, Papier oder keinen Trinkhalm)	Plastikstrohhalm
8	Stoffserviette	Wegwerf-/Einmalserviette
9	Stofftuch	Wegwerf-Taschentuch
10	Einmalgläschen/Stoffsäcke für Kronkorken	Kronkorken liegen lassen

LUNCHBEUTEL

WETBAG IN KLEIN & GROSS

Damit bleibt unterwegs garantiert alles trocken. Möchten Sie Ihre alte Gartentischdecke kreativ weiterverwenden? Dann nähen Sie daraus eine große Tasche nach dieser Anleitung – so erhalten Sie ganz leicht eine Badetasche.

GRÖSSE
22 cm x 25 cm x 12 cm (Lunchbeutel)
20 cm x 10 cm x 8 cm (Mini-Lunchbag)

MATERIAL
- Baumwollstoff in Türkis, beschichtet, 60 cm x 112 cm
- Baumwollstoff in Türkis-weiß gestreift, 40 cm x 112 cm
- Klettband in Weiß, 2 cm breit, 30 cm lang
- Nähgarn in Weiß

ZUSCHNITT
Lunchbeutel:
- 1x Baumwollstoff in Türkis, beschichtet, 40 cm x 60 cm
- 1x Baumwollstoff in Türkis-Weiß gestreift, 40 cm x 60 cm (Außenstoff)
- Klettband, 18 cm

Mini-Lunchbag:
- 2x Baumwollstoff in Türkis, beschichtet, 20 cm x 50 cm
- Klettband in Weiß, 2 cm breit, 12 cm lang

NAHTZUGABEN
Im Zuschnitt ist 1 cm Nahtzugabe enthalten.

1 Jeweils das Haken- und Flauschband an der Mitte der kurzen Seiten (20 cm bzw. 40 cm) auf der rechten Seite des Außenstoffs annähen.

2 Beide Stoffteile jeweils rechts auf rechts falten (40 cm x 30 cm bzw. 20 cm x 25 cm). An der unteren Faltkante jeweils an beiden Ecken ein Viereck ausschneiden (zwei Schnitte), Lunchbeutel 4 cm x 4 cm und Mini-Lunchbag 3 cm x 3 cm. Die beiden Seitenkanten absteppen.

3 Jeweils beide Schnittkanten der ausgeschnittenen Vierecke aufeinanderlegen und absteppen. Es bildet sich der Boden.

4 Beide Taschen rechts auf rechts ineinanderstecken. Sichtbar sind nun außen und innen die linken Stoffseiten beider Taschen.

5 Taschenöffnung absteppen und dabei eine Wendeöffnung von 10 cm bzw. 15 cm frei lassen. An den Klettbändern und Seitenkanten einmal zurück und vor nähen.

6 Wenden und Wendeöffnung glattstreichen. Taschen ohne beschichte Stoffe können auch gebügelt werden.

7 Taschenoberkante mit einem Stepp- oder Zickzackstich versäumen und dabei die Wendeöffnung mit schließen.

8 Zur besseren Stabilität an der großen Lunchbag die vier Seiten etwa 2 bis 4 mm breit absteppen. Darauf achten, dass beide Stoffe mitgefasst werden.

BESTECKTASCHE

Speisen wie zuhause

Einwegbesteck brauchen Sie unterwegs häufiger als Sie denken. Nähen Sie sich Ihre eigene Bestecktasche zum Wickeln. Die ist ruckzuck eingepackt und so hat man to go alles dabei, was man braucht. Die Bestecktasche lässt sich auch für Mehrwegstrohhalme aus Metall oder Glas verwenden.

GRÖSSE
Aufgeklappt 31 cm hoch und 18 cm breit

MATERIAL
- Baumwollstoff in Türkis, 24 cm x 112 cm
- Baumwollstoff in Braun, 24 cm x 112 cm
- Nähgarn in Weiß

ZUSCHNITT
- 1x Baumwollstoff in Türkis, 20 cm x 50 cm
- 1x Baumwollstoff in Braun, 20 cm x 50 cm
- 2x Baumwollstoff in Türkis oder Braun, 45 cm x 3,5 cm (Bändchen)

NAHTZUGABEN
Im Zuschnitt ist 1 cm Nahtzugabe enthalten.

1 Bändchen vorbereiten: Jeweils eine kurze Kante des Stoffstreifens 1 cm einbügeln, so entsteht später ein sauberer Abschluss.

2 Die langen Kanten jeweils 5 mm nach links umbügeln, dann mittig der Länge nach auf links zusammen bügeln. Das entstandene schmale Band knappkantig absteppen.

3 Hauptteil nähen: Beide Rechtecke bündig rechts auf rechts legen, die beiden Bändchen dazwischen stecken und fixieren. Das geschlossene Ende liegt innen. Oberes Bändchen im Abstand von 18 cm zur Oberkante, das untere Bändchen ebenfalls im Abstand von 18 cm zur Unterkante befestigen.

4 Kanten ringsum bis auf eine Wendeöffnung von etwa 10 cm an einer kurzen Seite zusammennähen. An beiden Bändchen einmal rückwärts nähen, um die Naht zu stabilisieren.

5 Nahtzugabe auf 1 cm und an den Ecken schräg einkürzen. Tasche wenden und die Ecken mit einem Stäbchen ausformen, dann bügeln.

6 Die obere Kante zu einem 1 cm breiten Ziersaum einschlagen, bügeln und knappkantig absteppen.

7 Die untere Kante zu einem 3 cm breiten Ziersaum einschlagen, bügeln und knappkantig absteppen. Die Wendeöffnung, egal ob oben oder unten, ist so mit einer Ziernaht unsichtbar verschlossen.

8 Nun den unteren Teil der Tasche 12 cm einschlagen, der 3 cm breite Ziersaum ist sichtbar. Die entstandene Tasche an beiden Seiten bei 1 cm Nahtbreite fixieren.

9 Die Tasche mit Nähten parallel zu den Seiten vierteln bzw. im Abstand von jeweils 4 cm eine Naht setzten. Nicht über den Ziersaum nähen und etwa 1 cm vor der unteren Stoffkante stoppen.

TASCHE FÜR TRINKFLASCHE

In zwei Varianten

Geschützt und trotzdem schnell zur Hand – dank selbst genähter Trinkflaschenhülle. Wer sein warmes Getränk auf kreative Weise vor Auskühlung schützen möchte, verwendet einfach zur Isolierung eine alte Abdeckung von Autowindschutzscheiben.

GRÖSSE
12 cm x 23 cm (Tasche mit Stoffträger)
12 cm x 30 cm (Tasche mit Gummizug)
(Geeignet für Flaschen bis zu einem Umfang von 23,5 cm)

MATERIAL
- Dicker Baumwollstoff in Bordeauxrot, 25 cm x 112 cm
- Dünner Baumwollstoff in hellem Bordeauxrot, 25 cm x 112 cm
- Baumwollstoff in Türkis-Weiß gestreift, 30 cm x 112 cm
- Moltonstoff in Weiß, 30 cm x 112 cm
- Gummikordel, 3 mm breit, 50 cm lang
- Farblich passender Kordelstopper
- 2 Ösen, ø 5 mm
- Nähgarn in Bordeauxrot bzw. Weiß

ZUSCHNITT
Flaschentasche mit Stoffträger:
- 1x dicker Baumwollstoff in Bordeauxrot, 25 cm x 27 cm
- 1x dicker Baumwollstoff in Bordeauxrot, 40 cm x 9 cm (Träger)
- 1x dünner Baumwollstoff in hellem Bordeauxrot, 12 cm x 27 cm (Seitentäschchen)

Flaschentasche mit Gummikordel:
- 1x Baumwollstoff in Türkis-Weiß, 30 cm x 27 cm
- 1x Baumwollstoff in Türkis-Weiß, 14 cm x 27 cm (Außentäschchen mit Querstreifen)
- 1x Moltonstoff in Weiß, 30 cm x 27 cm

NAHTZUGABEN
Im Zuschnitt ist 1 cm Nahtzugabe enthalten.

FLASCHENTASCHE MIT STOFFTRÄGER

1 Stoffträger: Stoffstreifen (40 cm x 9 cm) der Länge nach rechts auf rechts falten, bügeln und 1 cm breit absteppen. Nahtzugabe auseinanderbügeln und den Träger mit Hilfe einer Sicherheitsnadel und einem Stab wenden. Dazu ein Ende mit der Sicherheitsnadel schließen und z. B. mit einem Kochlöffel durchschieben.

2 Naht mittig legen, bügeln und an den beiden langen Seiten knappkantig absteppen.

3 Seitentäschchen vorbereiten: Stoff in hellem Bordeauxrot an beiden Längsseiten 1 cm nach links umbügeln und einen Saum knappkantig mit einem Zickzackstich absteppen.

4 Innen- und Außenstoff für die Flaschentasche an den Oberkanten rechts auf rechts und den Träger zwischen beide Stoffe stecken und fixieren. Der Abstand von Seitenkante Tasche und Außenkante Träger beträgt jeweils 6 cm. Die Trägernaht liegt auf dem hellen bordeauxroten Stoff, so ist später die Trägernaht nicht außen sichtbar. Darauf achten, dass der Träger nicht verdreht ist. Träger sollte am Schluss genau gegenüberliegend befestigt sein.

5 Die Taschenoberkante 1 cm breit absteppen. An den Trägern mehrfach, auch in die Nahtzugabe, vor und zu-

rück nähen, um möglichst viel Reißfestigkeit zu erreichen. Nahtzugabe auseinanderbügeln.

6 Stoffe wieder links auf links falten und Oberkante bügeln.

7 Seitentäschchen mit 8 cm Abstand zur Oberkante auf dem Außenstoff anbringen, der abgesteppte Saum liegt oben. Dann mittig und von der linken Seite im Abstand von 5 cm jeweils einen Trennstrich für die späteren Außentäschchen anzeichnen.

8 Die Unterkante des Seitentäschchens mit einem Zickzackstich annähen. Ebenso beide Trennstrichen von Saum zu Saum nähen.

9 Stoff auf rechts der Breite nach falten und die offene Seite schließen.

10 Seitennaht genau in die Mitte legen, Nahtzugabe auseinanderbügeln und den Boden mit 1 cm Nahtbreite schließen.

11 Seitennaht wieder nach links oder rechts falten, dabei entsteht am Boden ein Quadrat. Die beiden entstandenen Spitzen jeweils zum Mittelpunkt falten und die Faltlinie kennzeichnen. Die Linie befindet sich 2,5 cm von der Spitze entfernt parallel zur geknickten Seitennaht.

12 Entlang der Markierung nähen, die entstandenen Dreiecke abschneiden und die Tasche wenden.

FLASCHENTASCHE MIT GUMMIKORDEL

1 Seitentäschchen vorbereiten: siehe Schritt 3 in der vorherigen Anleitung.

2 Moltonstoff und Außenstoff rechts auf rechts legen und bei 1 cm Nahtbreite zusammensteppen. Nahtzugabe auseinanderbügeln.

3 Nach Herstellerangaben die Ösen am Außenstoff anbringen: im Abstand von jeweils 3 cm zur Stoffkante und 1 cm zur Oberkante.

4 Stoffe wieder links auf links falten und die Oberkante bügeln. Gummikordel einlegen und durch die Ösen fädeln. Beide rechten Seiten sind sichtbar. Im Abstand von 2,5 cm zur Oberkante beide Stoffe zusammennähen, so entsteht der Tunnelzug.

5 Ab hier der vorherigen Anleitung ab Schritt 7 folgen.

6 Tasche wenden, Kordelstopper einfädeln und Kordel verknoten.

PUTZEN & ORDNUNG

» Weniger ist mehr.
Öko-Logisch sauber! «

ENTRÜMPELN UND PUTZEN

Wer weniger besitzt, muss weniger putzen

Ein wichtiger Punkt der Müllvermeidung ist Reduzieren. Jeder Gegenstand, den wir besitzen, benötigt seinen Platz, muss einsortiert, gewaschen oder manchmal repariert werden. Er benötigt mal mehr mal weniger Aufmerksamkeit. Ein größerer Kleiderschrank, ein größerer Wohnzimmerschrank oder eine Garage als Lagerplatz kosten Raum und Zeit.

Ein Umzug ist eine gute Möglichkeit auszumisten, aber mal ehrlich, meist landet doch wieder alles schnell in Kisten und dann im neuen Keller oder Dachspeicher. Also nicht auf den nächsten Umzug warten, sondern Zimmer für Zimmer durchgehen und aussortieren.

Brauchbares verkaufen, verschenken, spenden oder teilen. Kaputtes wenn möglich reparieren. Alles was unbrauchbar ist, richtig entsorgen. Ob Glas, Papier, Kunststoff, Holz, kleine und große Elektrogeräte oder Biomüll, bei der richtigen Entsorgung werden stets Rohstoffe, Wasser, Energie oder Geld gespart. Denn Recycling ist ressourcenschonender als die Herstellung von Neuem.

Ist alles an seinem Platz, macht Putzen mehr Spaß. Auf die Plätze, fertig, putzen!

Umweltschonende Putzmittel können selbst hergestellt oder gekauft werden. Achten Sie beim Kauf auf umweltverträgliche Inhaltsstoffe. Groß- und Nachfüllpackungen verursachen weniger Verpackungsmaterial, denn je mehr Inhalt, desto weniger Hüllfläche. Außerdem werden aufwendige Pump- oder Sprühvorrichtungen vermieden. Inzwischen gibt es auch immer mehr Abfüllstationen für Reinigungsmittel aller Art. Beim ersten Einkauf wird eine Flasche gekauft und dann immer wieder aufgefüllt. Aus Sicherheitsgründen gehören Reinigungsmittel nur in die vorgesehenen Flaschen. Verwenden Sie deshalb auch zuhause z. B. keine ehemaligen Getränkeflaschen für Reinigungsmittel, dann besteht für Sie und Kinder keine Verwechslungsgefahr.

Für die Reinigung im Haushalt reicht häufig warmes Wasser, ein Lappen oder eine Bürste. Anstatt viele Plastikflaschen für unterschiedliche Zwecke im Putzregal stehen zu haben, genügt eine kleine Grundausstattung an altbewährten Hausmitteln. Sie sind umwelt- und gesundheitlich unbedenklich, enthalten kein Mikroplastik und schonen den Geldbeutel.

Fünf einfache Putzmittel und ihre Verwendung

SÄUREN WIE ESSIGESSENZ UND ZITRONENSÄURE:

Entfernen Fett und Kalk, reinigen Fenster und Bad, Kupfertöpfe und -pfannen, entkalken Küchengeräte, dienen als Weichspüler und Spülmaschinenmittel

ERHÄLTLICH: *Essigessenz (Glasflasche) in vielen Supermärkten, Zitronensäure (Pulver in Papierpackung) in Drogeriemärkten*

NICHT GEEIGNET *für Fliesenfugen mit Zement, Silikonfugen, Gummidichtungen und kalkhaltige Natursteinböden wie Marmor, Kalkstein und Mischgestein*

ACHTUNG! *Konzentrierte Säuren wie Zitronensäure sind ätzend! Essig (Säuren) darf nicht mit Bleichen (z. B. chlorhaltige Reinigungsmittel) gemischt werden. Explosionsgefahr und giftiges Chlorgas entsteht.*

SEIFEN:

KERNSEIFE: *Fett, Öl, Schädlingsbekämpfung, Pinselreinigung*

GALLSEIFE: *Textilien reinigen, z.B. Flecken von Fett, Eiweiß, Milch und Milchprodukten, Blut, Gemüse, Obst, Rotwein, Kakao, Kartoffeln, Teig und zur Entfernung von Schimmelflecken*

SCHMIERSEIFE: *Allzweckreiniger, Schädlinge, Hautreinigung*

ERHÄLTLICH: *Papierverpackung oder verpackungsfrei in Drogeriemärkten, Reformhäusern, Apotheken*

LAUGEN:

WASCHSODA (NATRIUMCARBONAT): *Fliesenfugen, Waschmittel, Reinigungsmittel, entfernt unangenehme Gerüche*

NATRON (NATRIUMHYDROGENCARBONAT, BACKPULVER): *Allzweckreiniger, Waschmittel, Deo, Mundspülung, gegen Gerüche und Fußpilz und -geruch*

ERHÄLTLICH: *Natron (Pulver in Papierpackung), Waschsoda (Großpackungen Plastik- oder Papierverpackung) in Drogeriemärkten und Reformhäusern*

ACHTUNG! *Konzentrierte Laugen wie Waschsoda sind ätzend! Laugen neutralisieren Säuren. Säuren und Laugen dürfen nie in geschlossenen Behältern gemischt werden, Explosionsgefahr besteht. Auch Essigessenz und Waschsoda müssen für Kinder unzugänglich aufbewahrt werden und dürfen nicht ins Auge gelangen.*

ALKOHOL:

Fette, Öl, Butter, Stärke, Fensterputzen, Deo, Klarspüler, Schimmelflecken (nicht geeignet für kalkhaltige Untergründe)

ERHÄLTLICH: *Glasflaschen in Drogeriemärkten, Reformhäusern, Apotheken*

SALZ: *Rotweinflecken, Scheuermittel z. B. auch für Töpfe und Pfannen, Waschbecken und Badewanne*

ERHÄLTLICH: *Papier- bzw. Kartonpackung in Supermärkten, Reformhäusern, Drogeriemärkte*

PUTZUTENSILIEN:

Sie sollten hochwertig, langlebig und recyclingfähig sein.

AUS HOLZ MIT NATURBORSTEN:

- *Besen, Schrubber*
- *Flaschenbürsten*
- *Gemüsebürsten*
- *Schuhbürsten*
- *Spülbürsten mit Wechselkopf*
- *Topfbürsten*
- *WC-Bürsten (mit Aufhängung)*

Holzbürsten sollten immer trocken gelagert bzw. aufgehängt werden, sonst saugen sie sich mit Wasser voll. Das kann Schimmel verursachen.

AUS METALL:

- *Eimer*
- *Haushaltsschwämme (Edelstahl- und Kupfer)*
- *Kehrblech*
- *Wäschetonne*

PUTZLAPPEN UND SCHWÄMME:

- *Alte Handtücher und T-Shirts*
- *Haushaltsschwamm aus recyceltem Kunststoff mit Naturfasern*
- *Luffaschwamm*
- *Zeitungspapier (Fenster putzen)*

REZEPT: WASCHEN MIT KERNSEIFE UND WASCHSODA

Zutaten: 2 EL Waschsoda (40 g) und 1 bis 2 EL geriebene Kernseife (15 g); für einen Liter Waschmittel (ergibt etwa zehn Wäschen)

1 Kernseife fein reiben, die Hälfte des Wassers zum Kochen bringen, Seife dazugeben und rühren, bis sich alle Flocken gelöst haben, Soda dazugeben und weiterrühren. Abkühlen lassen, bis die Masse geleeartig ist. Restliches Wasser zum Kochen bringen und unterrühren. Waschmittel abfüllen.

2 Das Waschmittel wird geleeartig und kann mit einem Löffel in die Waschmaschine gefüllt werden. 1 bis 2 EL Waschmittel pro Wäsche genügen. Ist das Waschmittel zu fest, einfach nochmals mit warmem Wasser verdünnen.

REZEPT: WASCHEN MIT KASTANIEN

Zutaten: 6 bis 8 geviertelte Kastanien und 250 ml Wasser

1 Kastanien über Nacht (acht Stunden) in ein Glas Wasser (250 ml) einlegen. Am nächsten Morgen ist die Flüssigkeit seifig und enthält natürliche Saponine. Kastanien abseihen und die Flüssigkeit ins Waschmittelfach geben.

2 Eilige können die geviertelten Kastanien in Wasser für fünf Minuten köcheln lassen, den „Sud“ abseihen und sofort verwenden.
Kastanien trocknen lassen und zwei bis drei Mal wiederverwenden. Die Wäsche ist danach geruchsneutral.

Tipp: Die Kastanienflüssigkeit hält sich im Kühlschrank fünf bis sieben Tage. Wer genügend Kastanien sammelt, kann sie das ganze Jahr nutzen. Besonders gut lassen sich die frischen Kastanien schneiden und dann geschrotet trocknen. Für noch weißere Wäsche 1 bis 2 TL Natron zur Wäsche geben.

REZEPT: ESSIGREINIGER

Zutaten: 100 ml klaren Essig verdünnt mit 400 ml Wasser; 25 ml klare Essigessenz verdünnt mit 475 ml Wasser; für 500 ml Reiniger

Verwenden Sie eine vorhandene Sprühflasche.

Tipp für frischen Duft:
Schale einer Bio-Zitrone oder -Orange kleinschneiden, in ein Glas geben, mit Essig bedecken und luftdicht verschließen. Etwa eine Woche stehen lassen und dann mit Wasser verdünnen.

REZEPT: SPÜLMITTEL

Zutaten: 2 EL Natron (40 g) und 1 bis 2 EL geriebene Kern- oder Olivenölseife (15 g); für 1 Liter Spülmittel

1 Wassers zum Kochen bringen, Seifenflocken dazugeben und rühren, bis sich alle Flocken gelöst haben. Abkühlen lassen und Natron einrühren.

2 Verwenden Sie einfach Ihre vorhandene Spülmittelflasche.

THIS NOT THAT

	THIS	THAT
1	Ausmisten, verschenken, verkaufen	Horten und sammeln
2	Essig/Essigessenz	Kalkentferner und Glasreiniger in Plastikflaschen
3	Natron	Allzweckreiniger in Plastikflaschen
4	Pulver im Karton	Flüssigwaschmittel in Plastik
5	Nachfüll-/Großpackungen	Hartplastikflaschen
6	Zeitungspapier zum Fensterputzen	Mikrofasertuch
7	Kernseife und Waschsoda oder Kastanien	Waschmittel in Plastikflaschen
8	Besen und Bürsten aus Holz mit Naturborsten	Plastikbesen und Plastikbürsten
9	Kehrblech	Plastikschaufel
10	Wäschekorb aus Naturgeflecht/Metall	Plastikwäschekorb

KÜCHENROLLE

Garantiert papierfrei

Hier haben Sie garantiert einen hübscheren Blickfang als mit der Wegwerfvariante! Diese Tücher lassen sich wieder und wieder über lange Zeit verwenden. Bei dunklen Flecken, z. B. Tomate oder Kakao, den hellen Frotteestoff einfach nach dem Waschen in der Sonne bleichen lassen.

GRÖSSE
26 cm x 24 cm

MATERIAL (FÜR 12 TÜCHER)
- Baumwoll-Jersey in Blau gepunktet, 52 cm x 112 cm
- Baumwoll-Jersey gemustert, 52 cm x 112 cm
- Frotteestoff in Weiß, 78 cm x 112 cm
- 24 Druckknöpfe in Metall, ø 1 cm
- Farblich passendes Nähgarn

ZUSCHNITT
- 6x Baumwoll-Jersey in Blau gepunktet, 28 cm x 26 cm
- 6x Baumwoll-Jersey gemustert, 28 cm x 26 cm
- 12x Frotteestoff in Weiß, 28 cm x 26 cm

NAHTZUGABEN
Im Zuschnitt ist 1 cm Nahtzugabe enthalten.

INFOS ZUM MATERIAL
Die Stoffe sollten saugfähig und bei 60 °C oder 90 °C waschbar sein.

1 Jeweils ein Jersey- und ein Frotteerechteck bündig rechts auf rechts legen und die Kanten bis auf eine Wendeöffnung von etwa 10 cm an einer langen Seite zusammennähen.

2 Die Nahtzugabe auf 5 mm und an den Ecken schräg einkürzen. Wenden und die Ecken mit einem Stäbchen ausformen, dann bügeln. Die Wendeöffnung knappkantig zusteppen.

3 Gemusterte Seite nach oben und lange Seite mit der Wendeöffnung zur Tischkante legen. Mit einem Abstand von 2 cm zu den Kanten gemäß Herstellerangaben die Druckknöpfe anbringen. An beiden linken Ecken die männlichen Teile (Niet und Kugel) und an beiden rechten Ecken die weiblichen Teile (Kappe und Feder) der Druckknöpfe befestigen. Nun sind links die Kugeln und rechts die Kappen sichtbar.

4 Wischtücher mit den Druckknöpfen aneinander befestigen und aufrollen.

***Tipp:** Verwenden Sie von Ihrer letzten Papierküchenrolle das Papprohr zum Stabilisieren. Die Rolle an die Höhe Ihrer Tücher (24 cm) anpassen, dann oben und unten mit einem Abstand von 2 cm jeweils ein männliches Druckknopfteil anbringen. Drücken Sie das erste Wischtuch fest und rollen die restlichen Tücher auf, dann können Sie weiter bequem Ihren Küchenrollenhalter nutzen.*

Ein Din A4-Blatt aus Recyclingpapier spart die Energie ein, die 0,33 Liter Wasser, also eine Tasse Tee oder Kaffee, zum Kochen bringt (Papieratlas, 2017).

WISCHTÜCHER

Ohne Müll „Wisch und Weg“

Anstatt alte Shirts und Handtücher im Kleidercontainer zu entsorgen, schenken Sie ihnen ein zweites Leben als Spültücher und Putzlappen.

GRÖSSE
26 cm x 24 cm

MATERIAL (FÜR 12 WISCHTÜCHER)
- Baumwoll-Jersey gemustert, 50 cm x 112 cm
- Baumwollstoff in Grau, 50 cm x 112 cm
- Frotteestoff in Grau, 80 cm x 112 cm
- Farblich passendes Nähgarn

ZUSCHNITT
- 6x Baumwoll-Jersey gemustert, 28 cm x 26 cm
- 6x Baumwollstoff in Grau, 28 cm x 26 cm
- 12x Frotteestoff in Grau, 28 cm x 26 cm

NAHTZUGABEN
Im Zuschnitt ist 1 cm Nahtzugabe enthalten.

INFOS ZUM MATERIAL
Die Stoffe sollten saugfähig und bei 60 °C oder 90 °C waschbar sein.

VARIANTE „FLAUSCHIGE TÜCHER“ (IM BILD LINKS UNTEN)

1 Jeweils ein Jersey- und ein Frotteerechteck bündig rechts auf rechts legen und die Kanten bis auf eine Wendeöffnung von etwa 10 cm an einer langen Seite zusammennähen.

2 Die Nahtzugabe auf 5 mm und an den Ecken schräg einkürzen.

3 Wenden und die Ecken mit einem Stäbchen ausformen, dann bügeln. Die Wendeöffnung knappkantig zusteppen.

VARIANTE „HÄNGENDE WISCHTÜCHER“

Zwölf Quadrate à 24 cm x 24 cm aus einem alten Geschirrtuch zuschneiden, Kanten versäubern, an jeweils einer Ecke ein Knopfloch nähen und aufhängen.

Tipp „Feuchttücher“
Einlagige Wischtücher (siehe „Hängende Wischtücher“, aber ohne Knopfloch) in einen luftdichten Behälter geben und mit 150 ml warmem Wasser, gemischt mit einem Esslöffel Bio-Pflanzenöl, übergießen. Für einen Tagesausflug können die Tücher auch in einer Wetbag, siehe Lunchbeutel S. 58, transportiert werden. Benutzte Tücher in einer zweiten Wetbag aufbewahren.

Feuchttücher besitzen einen Polyesteranteil und sind sehr reißfest. Sie dürfen nicht in der Toilette entsorgt werden, denn an den Rühr- und Häckselwerken der Kläranlagen führen sie immer wieder zu Verstopfungen.

BODENTÜCHER

Für immer restlos sauber

Viele Bodenwischer sind aus Plastik. Inzwischen gibt es Wischer und Eimer aber aus recyceltem Kunststoff. Konventionelle Wischtücher haben häufig einen Kunststoffanteil und werden nach einmaligem Verwenden entsorgt. Alte Handtücher lassen sich mit diesem Projekt ideal wiederverwenden.

GRÖSSE
30 cm Wischbreite (Bodenwischer mit Klettbändern)
42 cm Wischbreite (Bodenwischtuch für klappbaren Wischer)

MATERIAL
- Frotteestoff in Beige, 45 cm x 112 cm
- Moltonstoff in Weiß, 32 cm x 112 cm
- Klettband, 2 cm breit, 16 cm lang
- Farblich passendes Nähgarn

ZUSCHNITT
Bodenwischtuch mit Klettbändern:
- 1x Frotteestoff in Beige, 32 x 37 cm
- 1x Moltonstoff in Weiß, 32 x 37 cm
- 4x Klettband, jeweils 4 cm lang

Bodenwischtuch für klappbaren Wischer:
- 1x Frotteestoff in Beige, 13 cm x 68 cm

Hinweis: Hat Ihr Klappbodenwischer andere Maße? Dann rechnen Sie einfach die Wischbreite plus 26 cm und die Breite plus 4 cm.

NAHTZUGABEN
Im Zuschnitt ist 1 cm Nahtzugabe enthalten.

INFOS ZUM MATERIAL
Das Material sollte saugfähig und bei 60 °C oder 90 °C waschbar sein.

BODENWISCHTUCH MIT KLETTBÄNDERN

1 Aussparungen: An den kurzen Seiten (32 cm) jeweils mittig ein Rechteck von 4 cm Breite und 8 cm Tiefe ausschneiden.

2 Beide Stoffe rechts auf rechts legen und ringsum 1,5 cm breit zusammennähen bis auf eine Wendeöffnung von 10 cm. Diese sollte mittig an einer langen Seite (37 cm) sein.

3 Nahtzugabe an den außen liegenden Ecken schräg einkürzen und an den innenliegenden Ecken mit kleinen keilförmigen Schnitten „entspannen“. Nicht zu nah an die Naht schneiden.

4 Wenden und Ecken mit einem Stäbchen ausformen, dann bügeln.

5 Wendeöffnung knappkantig mit der Nähmaschine oder mit einem Leiterstich per Hand schließen.

6 Vier Hakenbänder parallel zur langen Seite mit einem Abstand zur kurzen Seite von 2 cm an den Klappen annähen.

7 Wischtuch umdrehen und vier Flauschbänder jeweils an den beiden anderen Klappen ebenfalls parallel zur langen Seite mit einem Abstand zur kurzen Seite von 2 cm annähen.

***Tipp:** Durch die Klettbänder passt sich das Tuch an den Wischer an. Sie können einmal mit der Frotteeseite und einmal mit der Moltonseite wischen.*

BODENWISCHTUCH FÜR KLAPPBAREN WISCHER

1 Alle Kanten 1,5 cm breit einschlagen und absteppen. Bei dicken Stoffen an den Ecken einen kleinen Keil ausschneiden.

2 Beide schmale Seiten auf links 11 cm zur Mitte legen und die vier offenen Seiten absteppen.

3 Wenden und Ecken mit einem Stäbchen ausformen.

BEAUTY & PFLEGE

» Was ist schön? Natürlichkeit! «

WAS IST SCHÖN?

Selbstliebe ist grün

Jedes Land, jede Gesellschaft, jede Kultur und Altersgruppe hat ein eigenes Schönheitsideal. Ob dick, dünn, klein, groß, blaue oder braune Augen, braune, blonde oder schwarze Haare, kleine oder große Nase – irgendwo auf der Welt ist man schön.

Schönheitsideale sind Ideale, manchmal fragwürdig, aber immer unerreichbar. Recht machen kann man es nicht allen, also kann man sich getrost von fremden Erwartungen lösen.

Eigene Erwartungen sind teilweise höher als fremde. Fremde Erwartungen verkleiden sich manchmal unentdeckt als die eigenen. Sich selbst schön zu finden, kann ganz schön schwierig sein. Da versprechen allerlei Helferlein Lösungen, aber benötigt man wirklich für jeden „Ausrutscher" ein Mittelchen oder eine Maskierung?

Als schön wird sicherlich ein gepflegtes Äußeres empfunden. Ein absolut gleichmäßiges und symmetrisches Gesicht gilt als unnatürlich, unnahbar und teilweise sogar als abstoßend. Ecken, Kanten und Rundungen geben Charakter. Mit einer gesunden Ernährung und Bewegung im Alltag sind gleich mehrere Fliegen mit einer Klappe geschlagen: Gesundheit, Fitness, Körperverbundenheit und ein gesundes Äußeres. Würden wir alle wie das vermeintliche Schönheitsideal aussehen, wären wir nicht zu unterscheiden – eine Truppe aus Klonkriegern.

MIKROPLASTIK IN KOSMETIKA

Kosmetik- und Pflegeprodukte können Kunststoffe wie Polyethylen (PE), Polypropylen (PP), Nylon-12 oder Polyacrylat (PA) enthalten. Das Mikroplastik dient beispielsweise als Füllmaterial oder Scheuermittel. Nahezu in der gesamten Produktpalette wird Mikroplastik verwendet, u. a. in Peelings, Cremes, Duschgel, Haarspray bis zu Puder, Mascara, Lippenstift und Sonnencreme. Als erster Zero Waste-Schritt kann das eigene Produkt auf Mikroplastik geprüft werden. Informationen zu Unternehmen und deren Produkten gibt der regelmäßig aktualisierte BUND-Einkaufsratgeber „Mikroplastik – die unsichtbare Gefahr".

REZEPT DEO

Variante Deoroller
100 ml Wasser abkochen, 1 bis 2 TL Stärke einrühren, abkühlen lassen und 1 TL Natron dazu mischen.

Variante Deospray
100 ml Wasser abkochen, abkühlen lassen und mit 1 TL Natron mischen.
ODER 100 ml Wasser abkochen, abkühlen lassen und mit 100 ml Alkohol (mindestens 40 %) mischen.

Nach Bedarf ein paar Tropfen ätherisches Öl dazu geben. In (vorhandenen) Deoroller, Deo- oder Parfümzerstäuber abfüllen.

REZEPT SAURE RINSE

Nach dem Haarewaschen entfernt eine Saure-Rinse-Spülung alle Seifen- und Kalkreste, sorgt für Glanz und eine bessere Kämmbarkeit. Vor allem bei hartem Leitungswasser können Seifenreste im Haar verbleiben.
1 EL Apfelessig oder Zitronensaft in einen halben Liter warmes Wasser geben und über die Haare gießen bzw. sprühen. Zum Sprühen eignet sich eine gereinigte vorhandene Sprühflasche. Achtung: Nicht in die Augen sprühen und keine Sprühflasche verwenden, die vorher mit Reinigungsmittel befüllt war.
Ein weiteres Plus: Mit der Sauren Rinse können Sie auch gleich nach dem Duschen oder Baden die Kalkflecken an den Armaturen entfernen.

	THIS	NOT THAT
1	Natürliche Pflegemittel	Synthetische Inhalts- und Zusatzstoffe
2	Kaffeesatz und Olivenöl	Mikroplastik-Peeling
3	Holz-Haarbürste	Plastik-Haarbürste
4	Haargummis aus Naturkautschuk oder Streifen von „Single-Socken"	Plastik-Gummi und Plastik-Spiral-Haargummis
5	Holz- oder Wechselkopfzahnbürste	Plastik-Zahnbürste
6	Haar-, Rasierseife oder festes Shampoo	Plastik-Shampooflaschen, Rasierschaumdosen
7	Stückseife	Flüssigseife im Spender
8	Rasierhobel	Einwegrasierer
9	Papier-Baumwoll-Wattestäbchen	Plastik-Wattestäbchen
10	Recyclingpapier (z. B. Toilettenpapier)	Frischfaserpapier

KOSMETIKPADS

Mit Beutel

Schluss mit Einmalpads zum Wegwerfen – waschbare Abschminkpads schonen Haut, Geldbeutel und Umwelt. Außerdem sind sie sehr gut geeignet zur Verwertung von Stoffresten!

GRÖSSE
Kosmetikpads ø 9 cm
Kosmetikbeutel ø 38 cm

MATERIAL (FÜR 10 PADS)
- Baumwollstoff in Weiß, 10 cm x 112 cm
- Frotteestoff in Weiß und/oder Grau, 10 cm x 112 cm
- Baumwollstoff gemustert, 40 cm x 40 cm
- Frotteestoff in Grau, 40 cm x 40cm
- Kordel in Weiß, 4 mm stark, 130 cm lang
- 2 Ösen in Metall, ø 5 mm
- Nähgarn in Weiß und Grau

ZUSCHNITT
Kosmetikpads:
- 10x Baumwollstoff, ø 9 cm
- 10x Frotteestoff in Weiß oder Grau, ø 9 cm

Beutel:
- 1x Baumwollstoff gemustert, ø 40 cm
- 1x Frotteestoff in Grau, ø 40 cm

Tipp: *Als Schablone eignen sich eine Tasse (Pads) und ein großer Pizzateller (Beutel).*

NAHTZUGABEN
Im Zuschnitt sind 5 mm bzw. 1 cm Nahtzugabe enthalten.

INFOS ZUM MATERIAL
Das Material sollte saugfähig und bei 60°C oder 90°C waschbar sein.

KOSMETIKPADS

1 Jeweils zwei Kreise links auf links mit einem Zickzackstich knappkantig zusammennähen.

2 Ränder nach außen zupfen und mit einer Stoffschere versäubern.

BEUTEL

1 Beide Stoffkreise rechts auf rechts legen und die Kante bis auf eine Wendeöffnung von etwa 10 cm ringsherum schließen.

2 Wenden, die Kante mit einem Stäbchen ausformen und glattbügeln.

3 Für den Tunnelzug im Abstand von 2 cm einen zweiten geschlossenen Kreis nähen.

4 Nach Herstellerangaben zwei Ösen mit einem Abstand von 5 cm an der Wendeöffnung im Tunnel am Baumwollstoff anbringen.

5 Die Kordel mithilfe einer Sicherheitsnadel in den Tunnel einziehen und die Enden durch die Ösen fädeln.

6 Wendeöffnung knappkantig schließen und Kordelenden verknoten.

REZEPT: NATÜRLICHES HAUTPEELING OHNE MIKROPLASTIK
Kaffeesatz oder Salz in der Handfläche mit ein paar Tropfen Bio-Speiseöl mischen, in die Haut einmassieren, kurz einwirken lassen und mit lauwarmem Wasser abspülen.

SEIFENAUF-BEWAHRUNG

Umweltfreundlich verpackt

Sauber bleiben mit Haarseife statt Shampooflasche und Körperseife statt Duschgel.

GRÖSSE
16 cm x 10,5 cm (Seifensäckchen)
8 cm x 14 cm (Seifentäschchen)

MATERIAL
Seifensäckchen
- Double Gaze, gemustert, 18,5 cm x 11,2 cm
- Kordel in Weiß, 5 mm stark, 40 cm lang
- Nähgarn in Weiß

Seifentäschchen
- Baumwolljersey in Türkis, 14 cm x 11,2 cm
- Frotteestoff in Weiß, 14 cm x 11,2 cm
- 1 Knopf ø 2,5 cm
- Nähgarn in Türkis und Weiß

ZUSCHNITT
Seifensäckchen
- 1x Double Gaze, 18,5 cm x 22 cm

Seifentäschchen
- 1x Baumwolljersey, 14 cm x 23 cm
- 1x Frotteestoff in Weiß, 14 cm x 23 cm

NAHTZUGABEN
Im Zuschnitt ist 5 mm Nahtzugabe enthalten.

SEIFENSÄCKCHEN (UNTEN IM BILD)

1 Lange Seite (22 cm) zur Tischkante legen und jeweils an den beiden oberen Ecken an der kurzen Seite (18,5 cm) eine 4 cm lange Strecke mit einem breiten und kurzen Zickzackstich versäubern, so entsteht später ein sauberer Tunnelabschluss.

2 Für den Tunnel diese lange Seite 2 cm auf rechts falten, bügeln und knappkantig mit einem ebenfalls breiten und kurzen Zickzackstich absteppen.

3 Wenden und die Ecken mit einem Stäbchen ausformen, dann bügeln.

4 Kordel mit Hilfe einer Sicherheitsnadel in den Tunnel einfädeln und verknoten.

Tipp: Die Seife kann im Bad aufgehängt werden und trocknet somit schneller ab. So können Seifenreste auch bis zum Schluss aufgebraucht werden.

SEIFENTÄSCHCHEN (OBEN IM BILD)

1 Beide Stoffe rechts auf rechts legen, die Ecken der Oberkante (14 cm) abrunden. Die untere Kante schließen.

2 Die Unterkante 8 cm weit zwischen beide Stofflagen einschieben.

3 Alle drei noch offenen Seiten bis auf eine Wendeöffnung von etwa 8 cm an der Klappenseite (Oberkante) zusammennähen. Wichtig bei der Wendeöffnung ist, dass sie nicht direkt an Ecken sitzt, damit sie später sauber verschlossen werden kann.

4 Nahtzugabe auf 5 mm und an den Ecken schräg einkürzen. Wenden und die Ecken mit einem Stäbchen ausformen.

5 Wendeöffnung mit Oberfaden in Türkis und Unterfaden in Weiß knappkantig schließen.

6 Knopfloch 3 cm lang mittig vorn in die Klappe nähen. Am Täschchen den Knopf befestigen.

ZAHNBÜRSTEN-TÄSCHCHEN

TROCKEN UND SAUBER AUFGEHÄNGT!

So bleibt die Zahnbürste trocken und ist im Nu aufgeräumt. Nutzen Sie das Knopfloch als Aufhängung.

GRÖSSE
20 cm x 7 cm
21 cm x 9 cm (Doppel-Zahnbürstentäschchen)

MATERIAL
- Baumwoll-Jersey in Türkis, 9 cm x 112 cm
- Frotteestoff in Weiß, 9 cm x 112 cm
- Baumwollstoff in Bordeauxrot, 11 cm x 112 cm
- Baumwollstoff in Grau, 11 cm x 112 cm
- 1 Druckknopf in Metall, ø 1 cm
- 1 Knopf, ø 2,5 cm
- Nähgarn in Türkis und Weiß bzw. Bordeauxrot und Grau

ZUSCHNITT
Zahnbürstentäschchen:
- 1x Baumwoll-Jersey in Türkis, 9 cm x 47 cm
- 1x Frotteestoff in Weiß, 9 cm x 47 cm

Doppel-Zahnbürstentäschchen:
- 1x Baumwollstoff in Bordeauxrot, 11 cm x 50 cm
- 1x Baumwollstoff in Grau, 11 cm x 50 cm

NAHTZUGABEN
Im Zuschnitt ist 1 cm Nahtzugabe enthalten.

1 Beide Stoffe rechts auf rechts legen und die Unterkante schließen. Dann die Unterkante 18 cm weit zwischen beide Stofflagen einschieben.

2 Alle drei noch offenen Seiten bis auf eine Wendeöffnung von etwa 5 cm bzw. 7 cm an der Klappenseite (Oberkante) zusammennähen. Wichtig bei Wendeöffnungen ist, dass sie nicht direkt an Ecken sitzen, damit später sauber verschlossen werden kann.

3 Die Nahtzugabe auf 5 mm und an den Ecken schräg einkürzen. Wenden und die Ecken mit einem Stäbchen ausformen.

4 Die Wendeöffnung mit Oberfaden in Türkis/Bordeauxrot und Unterfaden in Weiß/Grau knappkantig schließen.

5 Zahnbürstentäschchen: Gemäß Herstellerangaben den Druckknopf im Abstand von 1,5 cm zur Oberkante anbringen.

6 Doppel-Zahnbürstentäschchen: Auf der Klappe ein Knopfloch im Abstand von 1,5 cm zur Kante nähen und auf dem Täschchen den Knopf befestigen. Die Trennnaht mittig bis kurz unter den Knopf setzten.

Holz- oder Bambuszahnbürsten sollten nicht in Zahnputzbecher aufbewahrt werden, denn der Bürstengriff nimmt Feuchtigkeit auf und sieht bald unansehnlich aus, deshalb am besten aufhängen.

GESCHENKE

» Nachhaltiger schenken mit mehr Wertschätzung. «

SCHENKEN – EIN „GEBEN UND NEHMEN“

Warum schenken wir? Weil wir es möchten oder weil es erwartet wird? Schenken macht glücklich, beschenkt werden macht auch glücklich, wenn es das Richtige ist. Ein Geschenk steht im Raum und verursacht eine Reaktion. Jeder erhofft sich natürlich eine positive Reaktion und nicht, dass das Geschenk in der Ecke schnell verstaubt und somit „Waste“ ist.

„Weniger ist mehr“ gilt auch bei Geschenken. Auch wenn es schwerfällt, vor allem bei Kindern. Die Kinderzimmer sind heute meist unglaublich vollgestopft. Die Folge: Alles muss ständig aufgeräumt werden. Die Erwartungen steigen von Mal zu Mal, die Kinder sind teilweise überfordert von den Geschenkebergen und reißen nur noch auf. An Geburtstagen hat sich das Geschenketütchen für die Gäste eingeschlichen. Wann hat das begonnen? Der Denk-, Zeit- und Kaufaufwand für die kleinen Tütchen kann je nach Gästeliste enorm werden. Eine nette Geste, aber häufig auch gefühlter Zwang. Alle machen das! Obwohl die Kinder schon einen tollen Tag mit Spielen und Kuchenessen verbracht haben. Die einfachste Müllvermeidung ist: Keine Give-aways!

NEU, NEUER, AM NEUESTEN

Beeindruckende Zahlen! Durchschnittlich 465,70 Euro werden für Weihnachtsgeschenke ausgegeben. Im Jahre 2011 waren es noch 338,90 Euro. Über das Jahr verteilt schwillt die Summe etwa auf das Doppelte an (Fachschule für Ökonomie und Management). Natürlich darf man auch mit einem Zero-Waste-Lifestyle Neues kaufen. Man könnte viele Tipps geben oder gar Regeln für Zero-Waste-Geschenke aufstellen, aber die beiden Wichtigsten wären: etwas Sinnvolles von Herzen, das Freude bereitet.

» Für dich: Von Herzen mit Liebe. «

GEBRAUCHTES BRAUCHEN

Im Zuge der Müllvermeidung kommt irgendwann die gute Idee Gebrauchtes zu verschenken. Annähernd alles gibt es gebraucht. Die Vorteile: das Geschenk existiert schon, Ressourcen werden geschont, Müll vermieden und es ist meist individuell. Aber Vorsicht, nicht jeder ist begeistert von Gebrauchtem. Secondhand kann gut ankommen aber auch als geringe Wertschätzung aufgefasst werden, insbesondere bei preislich günstigeren Dingen. Am besten das Thema einfach ansprechen.

HANDMADE

Mit Selbstgemachtem verschenkt man nicht nur Materielles, sondern auch Zeit. Die eigene Zeit, die man mit der Ideenfindung, Auswahl von Material/Zutaten, Farbe und Form verbracht hat. In einem selbstgebackenen Kuchen steckt nicht nur Mehl, sondern auch Liebe und die Zeitersparnis für die Beschenkten am Ehrentag.

TAKE TIME

„Das schönste Geschenk ist Zeit." Viele Menschen wünschen sich in unserer rasanten Welt etwas ganz einfaches aber unbezahlbar Wichtiges: Zeit. Der Zero Waste-Gedanke beinhaltet mehr Erleben statt Besitzen. Materielles geht irgendwann kaputt, Erlebnisse bleiben in Erinnerung. Ein Schatz, der nicht verloren geht. Zeit für einen Ausflug, gemeinsames Kochen und Essen oder einen Spieleabend tut allen gut. Auch „Arbeitszeit" kann verschenkt werden, z. B. Hilfe im Garten oder Babysitten.

	THIS	NOT THAT
1	weniger	mehr
2	Gemeinsames Erlebnis	Not-Kauf/Materialistisches
3	Selbstgemachter Kuchen	Gekaufter Kuchen, Kekse oder Snacks
4	Handarbeit	Gekauftes
5	Gebrauchtes	Neues
6	Personalisiertes	Anonymes
7	Unverpackter Essenskorb	Verpacktes umwickelt mit Zellophan
8	Gutschein zur freien Entscheidung	Festgelegtes
9	Aus Holz, Metall, Glas und natürlichen Stoffen	Aus Plastik
10	Geschenk im Geschenk, z.B. T-Shirt als „Verpackung"	Geschenkpapier

FLASCHENHÜLLE

Prost!

Wein, Champagner & Co. – hier wird kostbarer Inhalt angemessen verpackt. Nähen Sie aus verschiedenen Stoffresten gleich mehrere Taschen, so haben Sie auch spontan schnell eine zur Hand.

GRÖSSE
- 12,5 cm x 35 cm (blaue Flaschenhülle, geeignet für Flaschen bis zu einem Umfang von 24 cm, z. B. Weinflaschen)
- 13,5 cm x 35 cm (bordeauxrote Flaschenhülle, geeignet für Flaschen bis zu einem Umfang von 27 cm, z. B. Sektflaschen)

MATERIAL
- Baumwollstoff in Blau-Weiß gepunktet, 50 cm x 112 cm
- Baumwollstoff in Bordeauxrot, 50 cm x 112 cm
- Stoffgeschenkband in Weiß, 1,5 cm breit, 60 cm lang
- Farblich passendes Garn

ZUSCHNITT

blaue Flaschenhülle:
- 1x Baumwollstoff in Blau-Weiß gepunktet, 50 cm x 27 cm
- 1x Baumwollstoff, in Blau-Weiß gepunktet, 50 cm x 3,5 cm

bordeauxrote Flaschenhülle:
- 1x Baumwollstoff in Bordeauxrot, 50 cm x 29 cm
- 1x Geschenkband in Weiß, 60 cm

NAHTZUGABEN

Im Zuschnitt ist 1 cm Nahtzugabe enthalten.

1 Geschenkbändchen in Blau-weiß gepunktet vorbereiten: Beide kurze Kanten jeweils 1 cm einbügeln, so entsteht später ein sauberer Abschluss.

2 Beide lange Kanten jeweils 5 mm nach links umbügeln, dann mittig der Länge nach auf links falten und bügeln und das so entstandene schmale Band an der Längsseite knappkantig absteppen.

3 Flaschenhülle: Eine kurze Seite (27 bzw. 29 cm) nach links zuerst 1 cm breit und dann 9 cm breit umbügeln. Den breiten Saum knappkantig festnähen, so entsteht ein schöner oberer Abschluss.

4 Den Stoff rechts auf rechts mittig falten, der breite Saum liegt oben und ist sichtbar. Das Bändchen in der Mitte falten.

5 Das Bändchen mit den offenen Enden nach innen legen und auf Höhe des breiten Saumabschlusses etwa 9 cm von der Oberkante fixieren.

6 Nun die Kante bei 1 cm Nahtbreite schließen. Damit das Bändchen gut befestigt ist, an dieser Stelle noch einmal vor und zurück nähen.

7 Die Seitennaht genau in die Mitte falten, Nahtzugabe auseinanderbügeln und den Boden bei 1 cm Nahtbreite schließen.

8 Seitennaht wieder nach links oder rechts falten, dabei entsteht am Boden ein Quadrat. Die beiden entstandenen Spitzen jeweils zum Mittelpunkt falten und die Faltlinie kennzeichnen. Die Linien befinden sich 3 cm von der Spitze entfernt parallel zur Bodennaht.

9 Beide kurze Linien absteppen. Zur besseren Bodenstabilität bei leichten bzw. dünnen Stoffen die entstandenen Dreiecke nicht abschneiden.

10 Wenden – Prost!

FUROSHIKI-TUCH

Stoffverpackung statt Geschenkpapier

Jahrhunderte alte japanische Tradition und kein bisschen altmodisch. Es gibt eine Vielzahl an Bindemöglichkeiten für Furoshikis, die Sie im Internet finden.

GRÖSSE
- 70 cm x 70 cm

MATERIAL (FÜR ZWEI FUROSHIKI-TÜCHER)
- Baumwoll-Jersey in Apricot, 150 cm x 112 cm
- Baumwoll-Jersey gemustert, 75 cm x 112 cm
- Baumwollstoff in Weiß, 75 cm x 112 cm
- Farblich passendes Nähgarn

ZUSCHNITT
- 2x Baumwoll-Jersey in Apricot, 75 cm x 75 cm
- 1x Baumwoll-Jersey gemustert, 75 cm x 75 cm
- 1x Baumwollstoff in Weiß, 75 cm x 75 cm

NAHTZUGABEN
Im Zuschnitt ist 1,5 cm Nahtzugabe enthalten.

1 Jeweils zwei Stoffquadrate rechts auf rechts legen. Bei zwei Baumwoll-Jersey Zuschnitten den Fadenlauf quer zueinander legen, d. h. ein Tuch lässt sich besser horizontal, das andere besser vertikal dehnen. Das fertige Furoshiki-Tuch ist somit stabiler.

2 Die Kanten bis auf eine Wendeöffnung von etwa 15 cm zusammennähen.

3 Die Nahtzugabe auf 1 cm und an den Ecken schräg einkürzen. Wenden und die Ecken mit einem Stäbchen ausformen, dann bügeln.

4 Die Wendeöffnung knappkantig mit der Nähmaschine oder mit einem Leiterstich per Hand schließen.

Dehnbare Stoffe können Sie leichter verknoten und damit auch einfacher „unförmige" Geschenke verpacken. Nicht dehnbare Stoffe, z. B. Leinen, eignen sich für „kantige" Geschenke wie Bücher.

Buchempfehlungen für Sie

ISBN 978-3-7724-7726-3

ISBN 978-3-7724-6448-5

ISBN 978-3-7724-6422-5

ISBN 978-3-7724-7929-8

ISBN 978-3-7724-7669-3

ISBN 978-3-7724-4922-2

Weitere Ideen zum Selbermachen gesucht?

Lieblingsstücke von einfach bis einfach genial finden Sie bei TOPP! Lassen Sie sich auf unserer Verlagswebsite, per Newsletter oder in den sozialen Netzwerken von unserer Vielfalt inspirieren!

Website

Verlockend: Welcher Kreativratgeber soll es für Sie sein? Schauen Sie doch auf **www.TOPP-kreativ.de** vorbei & stöbern Sie durch die neusten Hits der Saison!

TOPP-Autoren

Sie wollen wissen, wer die „Macher" unserer Bücher sind? Wer Ihnen nützliche Tipps & Tricks gibt? Auf **www.TOPP-kreativ.de/Autor** warten jede Menge spannender Infos zum jeweiligen Autor auf Sie. Finden Sie heraus, welches Gesicht hinter Ihrem Lieblingsbuch steckt!

Facebook

Werden Sie Teil unserer Community & erhalten Sie brandaktuelle Informationen rund ums Handarbeiten auf **www.Facebook.com/Mitstrickzentrale**
Wer sich für Basteln, Bauen, Verzieren & Dekorieren interessiert, ist auf **www.Facebook.com/Bastelzentrale** genau richtig!

Pinterest

Sie sind auf der Jagd nach den neusten Trends? Sie suchen die besten Kniffe? Die schönsten DIY-Ideen? All' das & noch vieles mehr gibt es von TOPP auf **www.Pinterest.com/Frechverlag**

Newsletter

Bunt, fröhlich & überraschend: Das ist der TOPP-Newsletter! Melden Sie sich unter: **www.TOPP-kreativ.de/Newsletter** an & wir halten Sie regelmäßig mit Tipps & Inspirationen über Ihr Lieblingshobby auf dem Laufenden!

Extras zum Download in der Digitalen Bibliothek

Viele unserer Bücher enthalten digitale Extras: Tutorial-Videos, Vorlagen zum Downloaden, Printables & vieles mehr. Dieses Buch auch? Dann schauen Sie im Impressum des Buches nach. Sofern ein Freischaltcode dort abgebildet ist, geben Sie diesen unter **www.TOPP-kreativ.de/DigiBib** ein. Nach erfolgreicher Registrierung erhalten Sie Zugang zur digitalen Bibliothek & können sofort loslegen.

YouTube

Sie wollen eine ganz neue Technik ausprobieren? Sie arbeiten an einem spannenden Projekt, aber wissen nicht weiter? Unsere Tutorials, Werbetrailer, Interviews & Making Of's auf **www.YouTube.com/Frechverlag** helfen Ihnen garantiert dabei, den passenden Ratgeber von TOPP zu finden.

Instagram

Sie sind auf Instagram unterwegs? Super, TOPP auch. Folgen Sie uns! Sie finden uns auf **www.Instagram.com/Frechverlag**
Möchten Sie uns an Ihrem Lieblingsprojekt teilhaben lassen? Am besten posten Sie gleich ein Foto mit dem Hashtag **#frechverlag** & wir stellen Ihr Werk gerne unserer Community vor – yeah!

Alles in einer Hand gibt's hier:

Kreativ-Bücher finden Sie auf www.TOPP-kreativ.de

DIE AUTORIN

Manuela P. Gaßner, 1981 in München geboren und aufgewachsen, verbrachte den Großteil ihrer Kindheit und Jugend im Schrebergarten ihres Großvaters zwischen Blumen, Gemüse und Obstbäumen. Daraus entwickelte sich ihre Liebe zur Natur und sie studierte Gartenbau in Freising-Weihenstephan, Venezuela und Budapest und promovierte im Bereich Agrarwissenschaften. Neben dem Gärtnern ist Kreativität eine weitere Passion, die nicht aus ihrem Leben wegzudenken ist. Mittels verschiedenster Materialien wie Stoff, Wolle, aber auch Holz und Stein gibt sie ihrem Ideenreichtum freien Lauf. Malen, Zeichnen und besonders die Kombination mehrerer Techniken spielen ebenfalls in ihrer Freizeit eine große Rolle.
Sie lebt mit ihrem Freund und ihren drei Kindern in Freising. Seit 2015 versucht die Familie mit möglichst wenig Müll auszukommen. Manuela P. Gaßner arbeitet freiberuflich als Dozentin, Speakerin und Autorin.
Auf ihrem Blog www.einfachzerowasteleben.de gibt sie Tipps zur Müllvermeidung und zeigt auf Instagram ihren urbanen Selbstversorgergarten.

© Ron Behrendt

IMPRESSUM

Wir danken der Firma Swafing GmbH (www.swafing.de) für die freundliche Unterstützung dieses Buches.

Texte: Dr. Manuela P. Gaßner
Modelle: Dr. Manuela P. Gaßner
Fotos: frechverlag, 70499 Stuttgart; stock.adobe.com: enskanto (Coverfoto); istockfoto.com: baona (S. 10), horiyan (S. 13), GMVozd (S. 27), Epiximages (S. 41); alle Übrigen: lichtpunkt, Michael Ruder, Stuttgart
Illustrationen: Tatjana Ströber
Produktmanagement: Lisa-Marie Weigel
Lektorat: Anja Fuhrmann, Berlin
Layout und Satz: Tatjana Ströber
Druck: Neografia, Slowakei

Um Plastik zu vermeiden, wurde dieses Buch nicht eingeschweißt.

2. Auflage 2019

ISBN 978-3-7724-8159-8 • Best.-Nr. 8159

KREATIV-HOTLINE

Hilfestellung zu allen Fragen, die Materialien und Nähbücher betreffen: Frau Erika Noll berät Sie. Rufen Sie an oder schreiben Sie eine E-Mail!

Telefon: 05052 / 911858*
E-Mail: mail@kreativ-service.info
*normale Telefongebühren